巡天太极

仝飞舟 著

科学普及出版社
·北京·

图书在版编目（CIP）数据

巡天太极 / 仝飞舟著．—北京：科学普及出版社，2024.7
ISBN 978-7-110-10682-2

Ⅰ．①巡… Ⅱ．①仝… Ⅲ．①太极拳－套路（武术）Ⅳ．① G852.111.9

中国国家版本馆 CIP 数据核字（2024）第 041611 号

策划编辑	韩　翔　王　微　新媒体中心
责任编辑	王　微
文字编辑	靳　羽
装帧设计	华图文轩
责任印制	徐　飞

出　　版	科学普及出版社
发　　行	中国科学技术出版社有限公司
地　　址	北京市海淀区中关村南大街 16 号
邮　　编	100081
发行电话	010-62173865
传　　真	010-62179148
网　　址	http://www.cspbooks.com.cn

开　　本	889mm×1194mm　1/20
字　　数	125 千字
印　　张	11
版　　次	2024 年 7 月第 1 版
印　　次	2024 年 7 月第 1 次印刷
印　　刷	北京盛通印刷股份有限公司
书　　号	ISBN 978-7-110-10682-2/G・4384
定　　价	158.00 元

（凡购买本社图书，如有缺页、倒页、脱页者，本社销售中心负责调换）

巡天未极

逐梦问天

　　根据航天员飞天的经验与感受，结合训练的实际情况，立足于未来长期载人飞行任务，科学地设计出一套适合航天员在"天上"和"地面"练习的太极拳，这不仅是中国优秀传统文化的传承和弘扬，也是载人航天任务的需求。

中国载人航天工程副总设计师
中国首飞航天员

宇宙，广袤无垠；生命，延绵不息！万物化生，归于太极！中国空间站是迄今最先进科学技术的代表之一，太极拳是中国传统文化的精华！两种智慧在茫茫太空碰撞交融，和谐共生！作者一直从事航天员训练工作，致力于将太极文化融入航天员心身调理的研究与实践。全飞舟的新书《巡天太极》为我们呈现了其经十几年努力潜心研创的巡天太极拳拳谱及在航天特殊环境应用研究的成果，对大众健身强体也有着很好的推广价值。

中国载人航天工程副总设计师
国际宇航科学院院士

中国文化给当代航天人提供了新的科学灵感，"巡天太极"并非只是在太空"秀一秀"中华文化，"一张一弛，文武之道也"，兴奋与抑制，紧张与松弛，无论身在何处，要保持平衡才会有益于健康，由传统文化融入的航天科技将会熠熠生辉！

中国首位进入太空的女航天员

中国航天的每一个脚步，都将中华传统文化的底蕴与探索宇宙未知的浪漫融为一体。"神十"飞天任务中选择在太空授课前，我们三名航天员一起在太空舱练习了"巡天太极拳"，可以缓解气氛，展现和谐之美。巡天太极是一种非常好的锻炼方式，适合在狭小空间长期练习。

中国首位出舱活动的女航天员 王亚平

在太空练习巡天太极拳，如同感受到了地球上的行云流水，身心舒畅！

中国首位在轨时长超 200 天的航天员 陈冬

kung fu（功夫）一词相信大家并不陌生。20 世纪 60 年代，李小龙将它写进了西方的词典。神舟十二号载人飞船成功发射后，一个英文单词"taikonaut"又进入到中国人的视野，这是中国航天员的专属英文名字，前半部分"taikon"来自"太空"的汉语拼音，后半部分词尾"naut"在英语中可以代表"宇航员"这一职业身份。"taikonaut"和"kungfu"组合在一起又代表什么呢？答案是巡天太极，是中国航天员练就的中国功夫！相信，随着中国的创新发展，会有越来越多具有"中国特色"的词汇写入西方的词典，中国创造、中国制造必将更多惠及全人类！

中央电视台资深记者 倪宁

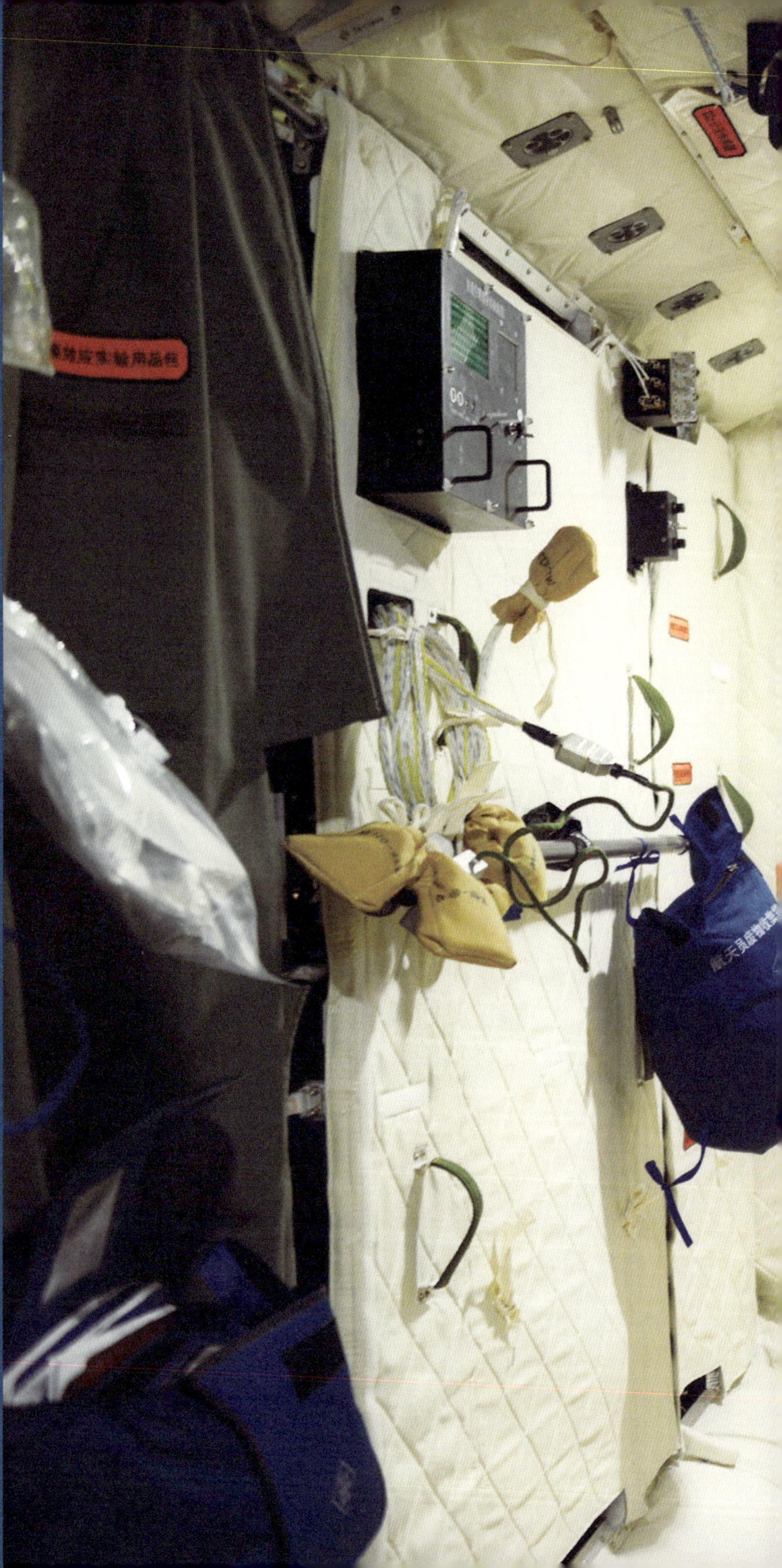

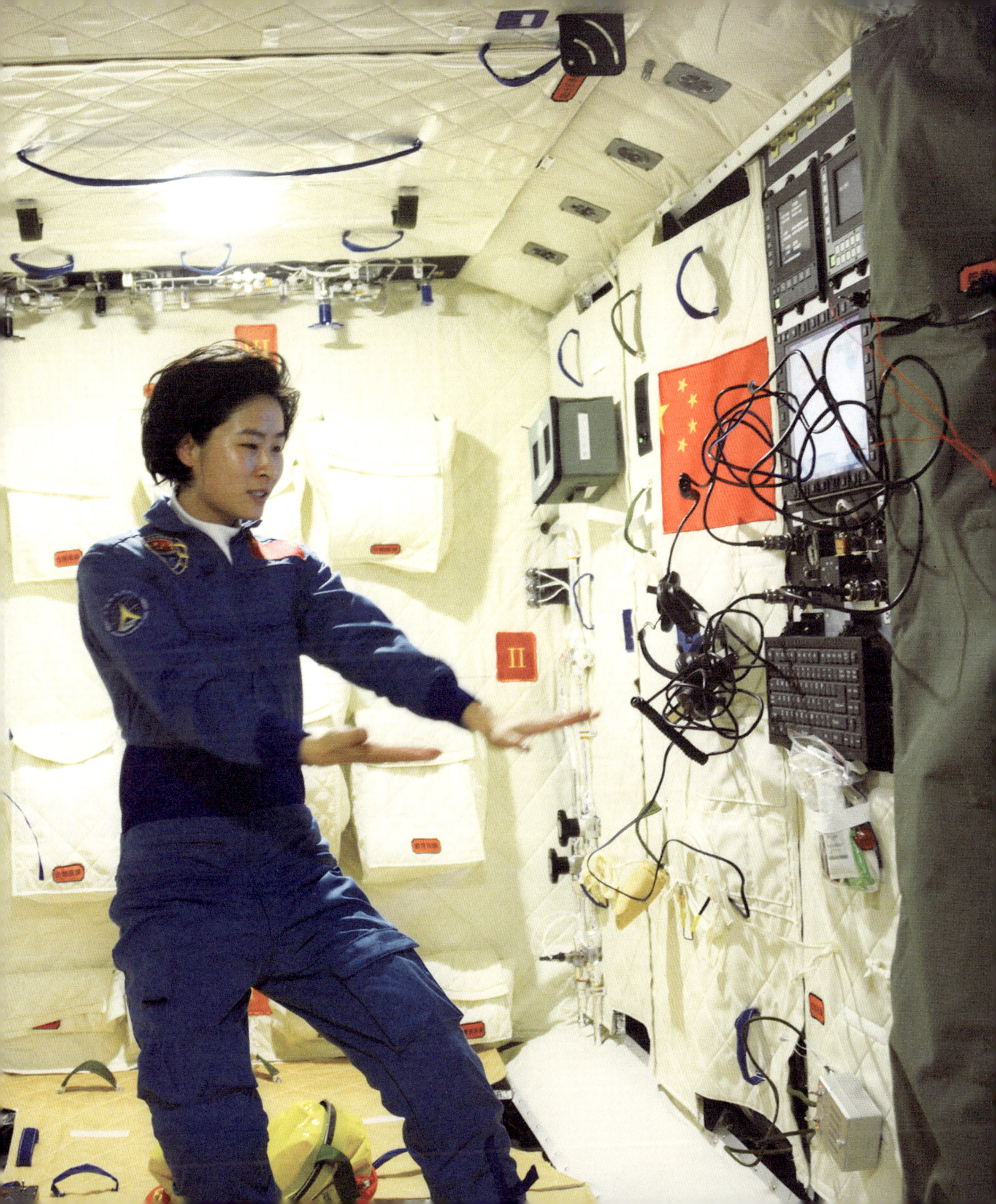
II

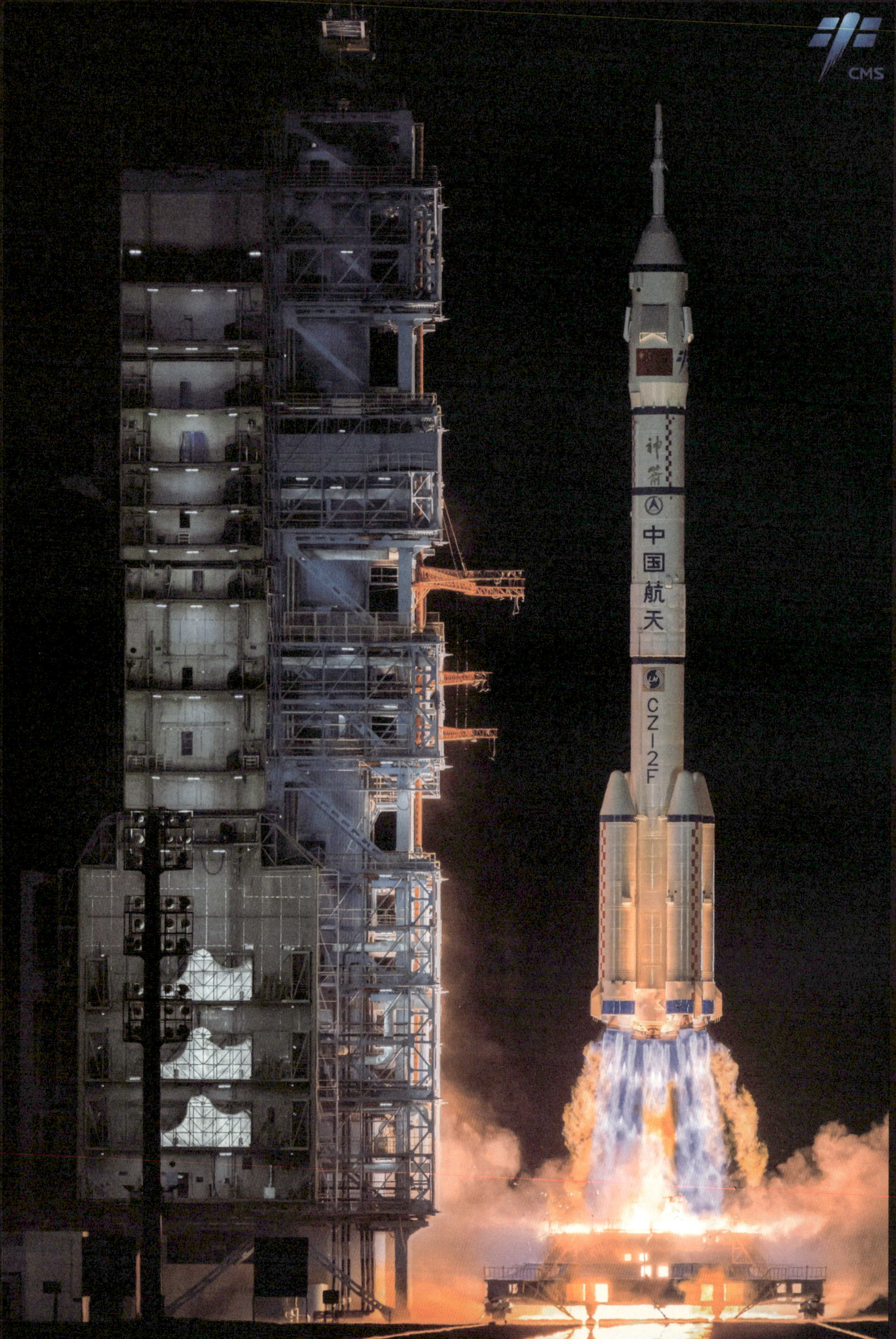
CMS
神舟
中国航天
CZ-2F

内容提要

古人把对自身、自然和宇宙之道的探索过程，用智慧外化为形体动作——太极拳。由于航天员工作的环境、职业的特点及工作的繁重性，传统地面的太极拳并不适用。为了解决这一问题，我们进行了将近10年的理论搜集、科学积累和动作调试，最终研发完成了适合航天员和航天科技工作者练习的"巡天太极拳"套路动作。该套路动作分为天、地两路，"巡天太极一路"（天拳）适合航天员执行飞天任务时在太空进行练习，"巡天太极二路"（地拳）适合航天员和科技工作者在地面狭小隔离空间或高强度工作压力下进行练习。"巡天太极拳"能够真正发挥"天人合一、平衡和谐"的作用，促使人类更好地适应太空特殊环境。

本书分为天、地、人三篇，论述"巡天太极拳"的创编背景、文化背景、套路设计、未来发展，针对具体动作还配有精美图片和要点讲解。本套动作力求在传承的基础上有所创新，男女老少均可练习，长期坚持可以起到强身健体、修身养性、展现风采的作用。

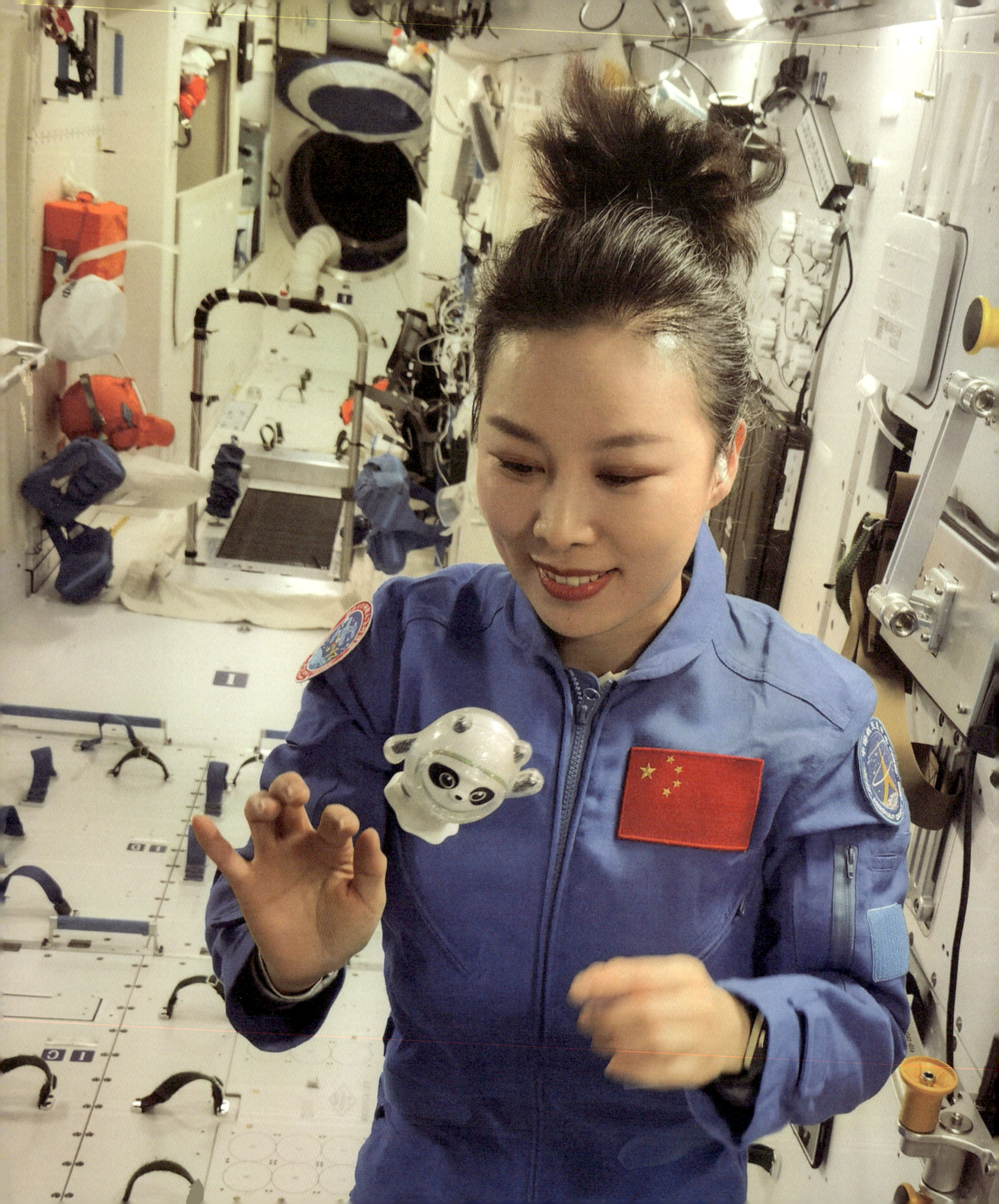

编委会

专 家 指 导　黄伟芬　池　建
专 家 顾 问　陈善广　王瑞元　李莹辉　苏　青
　　　　　　　丁　一　吴　斌　陈晓萍　张　山
　　　　　　　吴　彬　阚桂香　高晓军　马学智

编委会主任	杨利伟
编委会副主任	门惠丰　田立平　王焰磊
编　　　委	王利利　冯　峰　李桂英　王海生　谷志明　赵东明　孙洪义　沈柏霖
	蒋中业　谢雨彤　仝飞飞　尤　田　杨　辉　孔方舟　胡　勇　孙　晓
	门敢红　赵　宇　赵　静　吕　军　蔡红维　张丽丽
视频拍摄	孔方舟
教学照片拍摄	孙　超　许　可　汪　哲
支持单位	中国航天员中心
	我们的太空新媒体中心
	北京体育大学中国武术学院
	国家体育总局武术运动管理中心
	国家卫生健康委科学技术研究所
鸣谢单位	中国航天基金会
	中国青少年科技教育工作者协会科学传播工作委员会

补充说明

本书配有巡天太极练习视频，读者可通过扫码关注出版社"焦点医学"官方微信，后台回复"9787110106822"即可获得视频下载观看。

序　传承不息的中国智慧

"坐地日行八万里，巡天遥看一千河。"航天事业是一个民族文化和文明的"诗和远方"。于中华民族而言，更是根植于基因的浪漫理想。

从神舟飞天，到天宫实验室，再到筑梦中的"天宫"，一代代航天人接续奋斗，使中华民族的足迹在太空不断拓展、延伸。时至今日，中国航天员已经开始了常态化的太空往返。

太空居，大不易。

在航天飞行过程中，失重、辐射、昼夜节律改变、振动、噪声、密闭环境等特殊环境因素会引发一系列生理问题。加之，航天员在太空工作繁重，所处空间密闭，工作环境狭小，远离地球社会环境，不可避免地会产生孤独、焦虑等情绪。这种情况之下，除了提供完备的医学保障，科学的运动锻炼和心理调适手段也必不可少。

跨越时光的文化印记总是生生不息，也给中国航天人提供了源源不断的科学灵感。

这一次，中国古老的智慧与航天再次产生了奇妙的碰撞——"太空版本"太极拳应运而生。

从历史长河中走来的太极拳，被中国航天人创造性地加以适应性改动，在太空继续焕发风采，承载了新的光荣使命。

要想把地面上传承已久的太极拳适应太空"新高度"，进行前所未有的改动，科学地设计出一套适合航天员练习的太极拳，并不是一件容易的事情。这不仅要考虑航天员飞天的经验与感受，还要立足于未来长期载人飞行任务的需求。

十年磨一剑。研发团队历经无数次的改版、动作修订、数次飞天任务和地面任务的实际检验，最终完成了"巡天太极拳"的创编。

"巡天太极拳"以"太极十三式"为基础，立足太极拳基本功，结合航天环境的特殊性，从实用性、适应性原则出发，形成了新的套路，既突出其深刻寓意，又强调了动作对航天员身心的调节。

太极拳不是唯一走向太空的中国智慧，越来越多的中国元素也在中国航天医学实践中展现，相信未来在太空中会有更多的"中国特色"。

希望未来，"巡天太极拳"能够在载人月球航行、载人火星探测，甚至更远的星际飞行中发挥其价值和作用！

中国载人航天工程总设计师
中国工程院院士

前　言

"太极"二字，最初见于《周易》一书，在"易经"里，把天地称为"太极"。道生一，一生二；即无极生太极，太极生阴阳，太极是和谐之源头，是万有阴阳内在永不间断的动态平衡，是一切事物变化的原动力。古人把对自身、自然和宇宙之道的探索过程，用智慧外化为形体动作——太极拳。太极拳是通过人体身心的运动与修炼、体验与创造，去感知、去锻炼，运用人体与外界的自然融合，顺应宇宙变化之规律，来引导一切趋于适应、和谐。因为效法自然，中华古老的太极拳，目前仍是最安全、最有效的健身养性之法宝。

当今社会，综合国力的较量、科学"高、精、尖"的发展，其体现之一就在于航天科技领域。中国的航天事业以迅猛的势头在向前发展，我们的宗旨是"和平利用太空"，历经空间实验室任务，进入到了空间站时代，未来我国要持续进行长期载人航天飞行。航天员在太空中遇到的主要医学问题有宇宙辐射、磁场、生物节律改变、变重力和孤独空间等因素对人体的影响，其中后三种因素与人的适应性和能动性有关，目前认为，要想减少这些因素影响，唯有锻炼副作用最小。长期以来，国际空间站一直就锻炼的形式进行研究，我们也在不懈努力寻找锻炼效果更有效且更具中国特色的形式。探索永无止境，但"和谐"（适应）必然久远，必然高深。

目前，太极拳能够帮助预防和治疗身心问题的锻炼价值越来越受到世界各国的重视，如美国、加拿大、德国、澳大利亚、法国、英国等，一些专业机构加大了对太极拳科研力度的投入，利用先进的仪器设备，不断有研究成果出现，用有力的数据支撑证实了太极拳对人体生理功能和心理方面的调适作用。未来的空间站任务，航天员（国外称宇航员astronaut，中国称航天员taikonaut）在太空驻留的时间会越来越长，密闭狭小隔离空间对心理的影响和长时间航天环境对人体生理的影响暴露会越来越突出。相信柔和、轻松、舒缓、自然的太极拳运动将会在载人航天领域发挥出应有的价值。

作为智慧的结晶，太极拳承载着中国深厚的传统文化精髓，蕴含丰富哲理，故又被称为"哲拳"，太极拳运动在中国的"根"源远流长。太极拳以其独有的魅力进入载人航天领域，中国的传统文化与现代科学的创新融合使其在太空领域散发出永久的生命力。目前我国已经开始着手进行巡天太极拳的探索，十年前就尝试将太极拳项目正式引入航天员群体中进行练习，但因载人航天任务的特殊条件和环境制约，传统地面的太极拳不能适用。为解决这一问题，我们运用中华传统文化和航天技术等方面得天独厚的条件，立足传统太极拳的精髓特点，经过近10年的理论搜集、科学积累和动作调试，又经过神舟九号任务的尝试、神舟十号任务的修订、神舟十一号任务的定型、神舟十二号任务的验证及后续空间站任务的练习实践，最终研发完成了适合航天员群体和航天科技工作者练习的"巡天太极拳"套路动作。

该套路动作分为天、地两路，"巡天太极一路"（天拳）适合航天员执行飞天任务时在太空进行练习，"巡天太极二路"（地拳）

适合航天员和科技工作者在地面狭小隔离空间或高强度工作压力下进行练习，针对"巡天太极拳"的练习效果，研发的不同阶段在实际载人航天任务中和模拟航天试验中也进行了科学数据的积累。"巡天太极拳"的研发，就是为了长期载人飞行任务或是将来进行深空探测、星际飞行或驻留时，能够真正发挥太极拳"天人合一、平衡和谐"的功效，促使人类更好地适应太空特殊环境。太极的机制无比深奥，随着载人航天飞行任务的大踏步向前发展，我们前进的脚步亦不能停止，探索永无止境，坚持就是力量。

路漫漫其修远兮，吾辈将上下而求索……

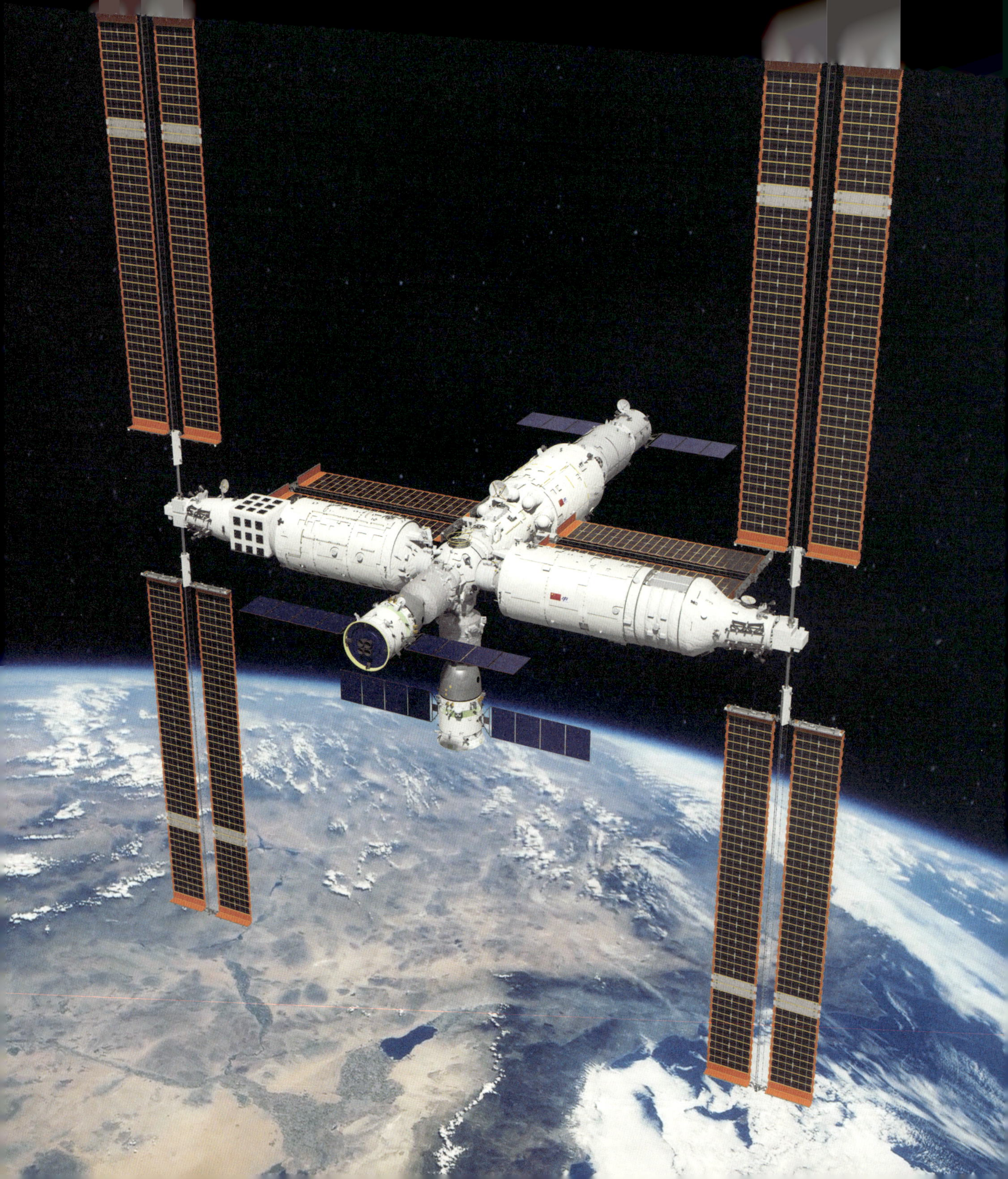

目录

天篇

巡天太极拳的创编历程 ... 002

巡天太极拳创作心路 ... 016

巡天太极拳基本动作 ... 020

天拳：巡天太极一路拳（共9式） ... 024

预备式（无极势） ... 026
第1式　起势（太极势、怀抱日月） ... 027
第2式　旋转乾坤（1、2） ... 028
第3式　野马分鬃 ... 033
第4式　云手 ... 038
第5式　揽扎衣 ... 042
第6式　直立架掌 ... 048
第7式　倒卷肱 ... 051
第8式　起承开合 ... 055
第9式　收势 ... 061

地篇

巡天太极拳创编的文化背景 066

地拳：巡天太极二路拳（共18式） 074

    预备式（无极势） 076
    第1式 起势（太极势、怀抱日月） 077
    第2式 旋转乾坤（1、2） 078
    第3式 四正手 082
    第4式 绕环掌 091
    第5式 起承开合 098
    第6式 野马分鬃 102
    第7式 云手 104
    第8式 活步开合掌 108
    第9式 背折靠 112
    第10式 四正手 117
    第11式 绕环掌 124
    第12式 起承开合 130
    第13式 野马分鬃 133
    第14式 云手 135
    第15式 活步开合掌 139
    第16式 背折靠 143
    第17式 怀抱日月 148
    第18式 收势 149

人篇

航天环境对人体的影响	154
历次"神舟"任务中的巡天太极拳实践	170
巡天太极拳,打出宇宙新高度	188
参考文献	191

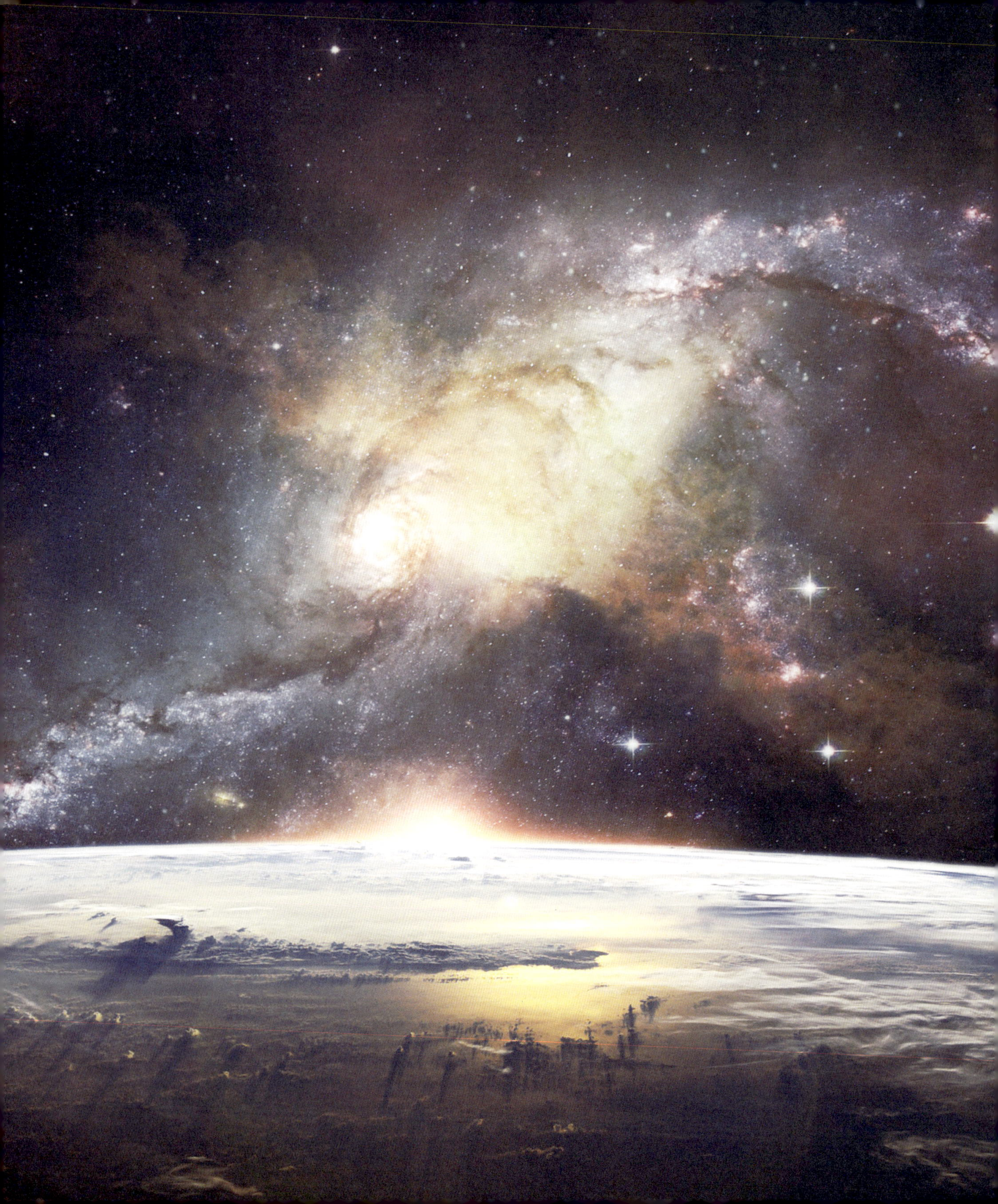

天篇

巡天太极，航天科技新成果

巡天太极拳的创编历程

航天或模拟航天环境对太极拳的特殊要求

太极拳项目所具有的优势适合航天员日常在地面体质训练当中进行练习。但是由于航天员工作的环境、职业的特点及工作的繁重性，一般地面上的太极拳套路动作不太适合航天员练习，也满足不了其锻炼的目的与需求，主要从以下几个原因分析。

第一，从太空失重环境方面。空间站任务航天员将会在太空失重或微重力条件下进行更长时间的工作，失重或微重力的环境对航天员的平衡性和身体姿态的控制提出了更高的要求。航天员在运动时不容易找到支撑点，动作的幅度也不能过大，用力的方向不能过度超出身体的重心，站立时双脚必须固定于套带中，和地面重力环境下的运动方式完全不一样，身体下肢的锻炼更多的只能主动用力通过

"绿航星际"太空 180 试验舱中乘员练习太极拳

"绿航星际"太空180试验舱中乘员进行仪器检查

重心的起伏和重心的转移来实现。因此,设计的航天员太空练习的太极拳动作要能够适应太空失重的环境条件。

第二,从狭小工作空间范围方面。航天员执行飞天任务需要面对的是密闭狭小隔离的飞行器空间,在地面上航天员通常也会在狭小隔离的模拟太空舱中进行长时间工作,工作的范围非常有限,更没有多余的空间提供给他们进行运动锻炼。航天员在这种条件下进行的必要运动,活动范围和运动幅度都不能过大,地面常规的太极拳套路根本不适合在非常狭小的空间内进行练习。因此,针对航天员设计的太极拳必须要考虑空间狭小的因素。

第三，从密闭隔离工作环境对人体心理影响方面。目前我国已经进入空间站时期，航天员在轨驻留的时间从 90 天延长到 180 天，未来可能时间更长，还有面向深空探测和星际驻留任务，这些与世隔离的任务，从时间记录上还在不断地刷新。长期在密闭、隔离、狭小的环境中工作，很容易出现烦躁、孤独、抑郁等负面情绪，如果这种负面情绪不能有效的疏通缓解，就会严重影响试验任务甚至整个载人航天工程的顺利完成。在这种近乎极端的条件下练习太极拳，相对来说可能更注重的是太极拳对人体心理方面的影响。因此，设计的太极拳套路动作在身心双重练习的基础上，要注重心理方面调适的作用。

神舟十四号乘组拍摄的地球（来源：我们的太空新媒体中心官方微博）

在核心舱舷窗边俯瞰地球（来源：我们的太空新媒体中心官方微博）

第四，从航天员工作的繁重性方面。航天员是各种试验和项目的终端操作者，需要接触、学习、熟练掌握的技术都非常重要、复杂而又繁多，因此他们的工作是相当有压力的。通常航天员进行体质训练的目的一个是提高体能储备，满足任务的需求；另一个就是通过运动可以释放压力，感受快乐。要让航天员对太极拳练习产生兴趣，可以更好地发挥出太极拳项目的优势。因此，适合航天员练习的太极拳，动作不能太复杂，要流畅优美，还要简便易学。

基于以上背景，在航天员体能训练领域，根据航天员飞天的经验与感受，结合训练的实际情况，立足于未来长期载人飞行任务，科学地设计出一套适合航天员"天上"和"地面"练习的太极拳。这不仅是中国优秀传统文化的传承和弘扬，也是载人航天任务的需求。

太极拳：综合防护航天员

太极拳讲究整体调节，内外兼顾，自然中和，使人体逐步适应变化的外界环境，从而达到机体新的平衡，强调的是"整体""适应"。根据马克思的哲学理论：世界是对立统一的，万物之间是相互联系、相互制约、相辅相成的。如果我们能够认识到太极拳有益人体适应调节的价值，将太极拳也作为一种练习方法纳入到空间运动锻炼项目当中，建立起一套综合性的锻炼模式，这套锻炼模式将极具鲜明的中国特色，这样的设计如果能实现是否会有更好的效果？从哲学的角度讲是完全可行的，从航天生理心理学的角度讲，我们还要进行系统科学的验证。

神舟十号乘组启航
（来源：我们的太空新媒体中心官方微博）

巡天太极拳的创编历程

太极拳运动本身特色鲜明，优势独特。

第一，太极拳是属于"养"的运动，养精蓄锐，整体调适。人们较普遍参与的其他运动项目，如球类、游泳、散打、自行车、高尔夫球等，主要的锻炼效果是强身健体或释放压力。归结起来大部分项目是属于"耗"的运动，耗费体力和精力。太极拳既具备这些运动项目所产生的锻炼效果，也能给人们带来舒松、畅快和平静。

第二，太极拳练习相比较其他运动消耗人体能量少，耗氧量小。空间站任务中在太空飞行的密闭舱体携带的氧气和舱内设备进行气体交换处理的能力等各方面都是有限的，太极拳练习时人的心脏工作效率提高，以较小的能量消耗即可满足全身代谢的供应。心脏、血管、微循环的功能处于有利适应功能代谢需要的状态，从而提高了心血管功能，减轻心脏的负担。因此，练习太极拳能够以消耗最小的能量达到最全面的锻炼效果，这也是太极拳的突出优势。

第三，太极拳不需借助任何器械设备随时随地都可以练习。

第四，太极拳练习可以个性化调整练习强度，能够根据架势的高低和动作的幅度调整运动强度，任何运动能力水平的人都适合练习。

第五，太极拳动作徐缓、轻灵、圆润、自然，安全性高。

航天员王亚平参加"天宫课堂"直播
（来源：我们的太空新媒体中心官方微博）

巡天太极拳的创编历程

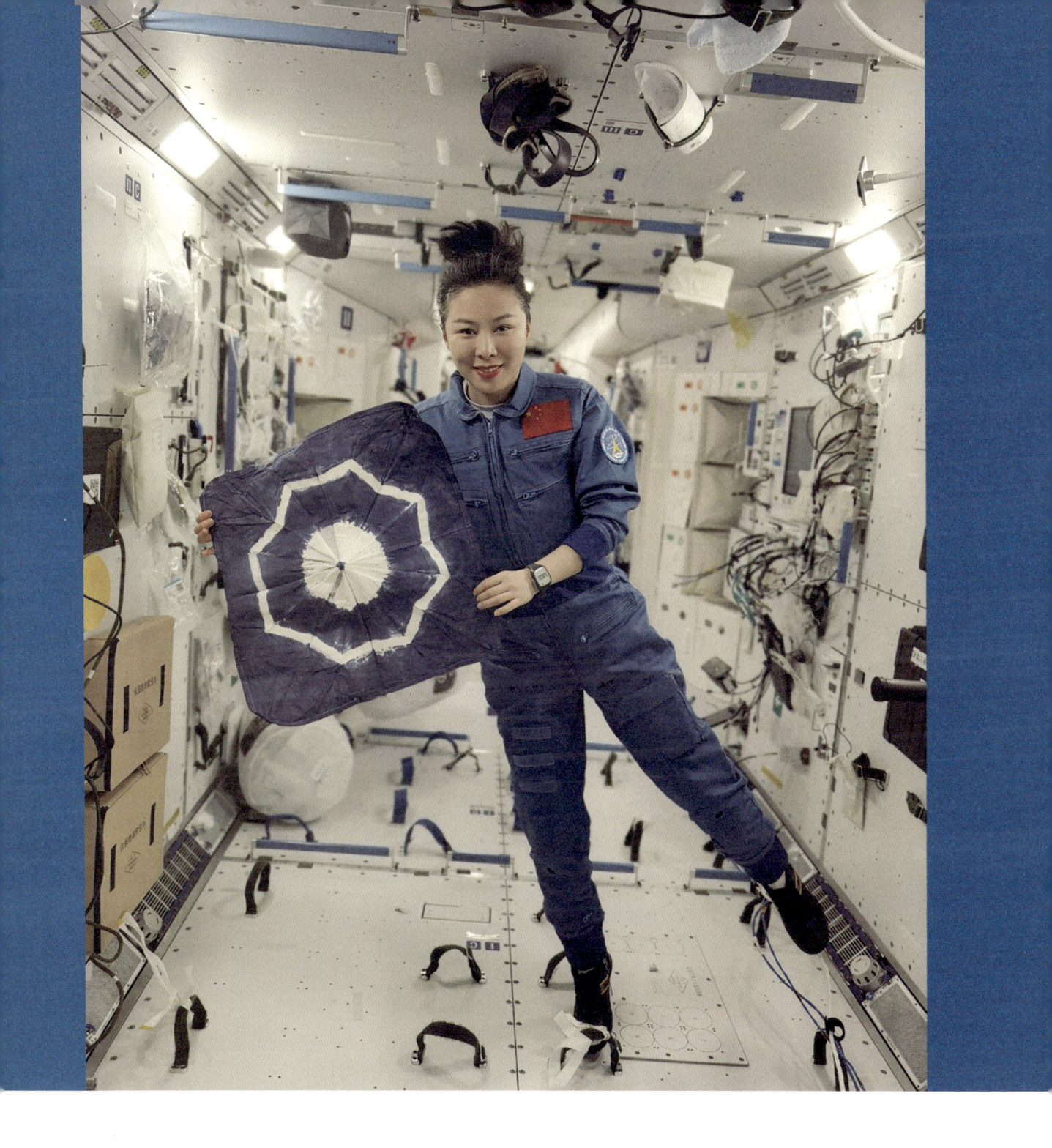

第六，太极拳动作优美、规范、连贯，具有科学性和观赏性，练习时行云流水般的动作散发出的活力和魅力，会激起练习者的兴趣。

目前，生理学研究已经证实，进行太极拳锻炼可以提高反应能力、平衡能力、柔韧性，显著增加下肢的肌肉力量和肌肉耐力，能够对抗承重骨的骨丢失、提高肌肉的力量、耐力，保持各个关节的灵活性和稳定性，尤其髋、膝和踝关节，增加关节周围的韧带和肌腱的强度；可以提高心功能，减小外周血管阻力，改善微循环；提高人体的最大摄氧量，独特的腹式呼吸主要通过呼吸深度的增加来有效提高心肺功能；增强迷走神经的张力，对神经调节具有良好的作用。太极拳属于稳态锻炼，是典型的有氧练习又能够增加肌肉的力量，太极拳练习时要求松静，情绪平和内敛，可有效缓解压力，恢复平静和安宁的状态，因此是综合调节身心的锻炼项目。运动项目之间对比研究显示：相比于散步活动和闭目静坐，太极拳在稳定情绪方面有更好的效果，并可使练习者较快入静；相比于西方运动（如有氧耐力练习、抗阻力量练习、灵活性练习），太极拳更有益于改善认知控制能力。并且对受试者进行6个月跟踪观察，没有一例受试者由于练习在身心方面产生损伤，表明该运动是安全的。

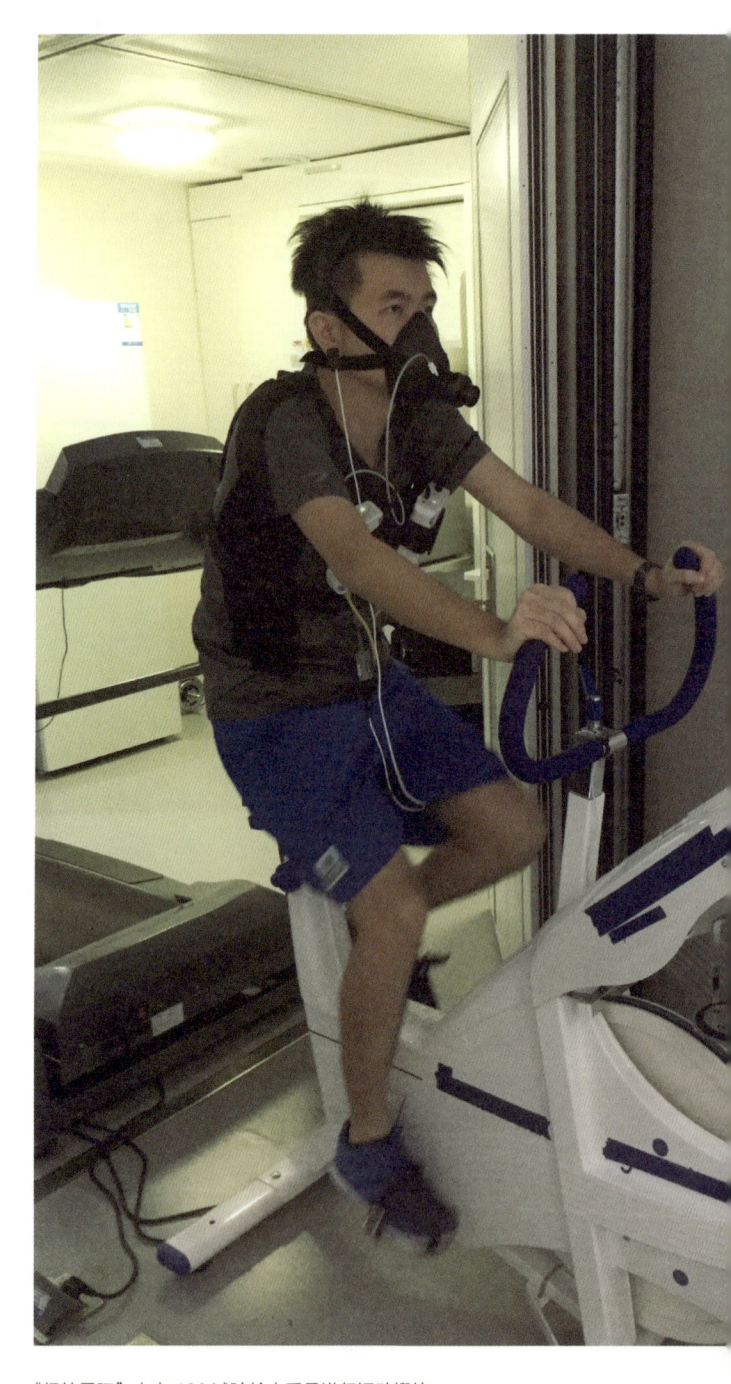

"绿航星际"太空180试验舱中乘员进行运动锻炼

从力学方面进行分析，旋转性的动作可以产生较大的力矩。力矩是描述力对物体产生转动效应的物理量，其公式是：

$$M=F \times L$$

M是力矩，F是力，L是力臂。运动力学告诉我们，旋转性的动作对身体保健效果较好，不仅产生力量大，而且不容易受伤，太极拳讲究逢动必旋，要求"动"自旋中始，"作"从绕中停。这方面体现出三点意义。

- 改善关节灵活性和稳定性。
- 旋转性的动作，使肌肉、韧带对骨骼的牵引力加大，产生一种剪应力，有助于刺激骨质的形成。
- 动作练习按摩刺激身体部位较多，有助于疏通气血，消积化瘀。

未来人类还要进行深空探测、星际长期驻留的太空飞行任务，不受空间限制，综合性的运动练习方法最适合执行任务的航天员，也是未来研究的热点与方向。太极拳长期的练习效果更符合太空环境对人体运动提出目标的要求，这项运动能否成为航天员在太空长期执行任务过程中理想的锻炼方式或者成为其他锻炼方式最有益的补充？截至目前，还尚未发现在失重、模拟失重或密闭狭小环境条件下有关太极拳锻炼价值的相关研究，未来期待于从航天医学、航天生理学、航天心理学等领域开展探索和讨论。

科学锻炼，保驾护航

科学运动锻炼是航天员顺利完成任务的必要保障。通过分析，在航天员体质训练中，亟须设计一种安全、综合、有效的科学运动训练方法。太极拳是一种身心兼练，有氧耐力与力量练习相结合的综合性运动训练方式，强度中等，地面上的研究已经确定了太极拳的健身价值，应用在航天员体质训练当中将会是一种很不错的选择。

体质训练，是贯穿航天员整个职业生涯的一项训练科目，可以提高体能储备，缓解心理压力。在发射场执行任务前、在太空执行飞天任务中和返回地球后都安排有体质训练。航天员是个特殊的职业群体，进行体质训练主要是为了满足完成任务的需求，因此科学的运动锻炼对于航天员来说至关重要。

航天员执行任务飞离地球和返回地球的过程中，均会受到变重力的影响。重力适应能力反映了航天员对航空航天环境的适应程度，具备良好重力适应能力是航天员和飞行员顺利完成任务的重要保证。重力适应能力主要涉及人体的循环系统、运动系统、神经系统等方面的调节适应情况，长期进行运动锻炼都会对这些系统功能产生影响。

神舟十五号乘组进行出舱活动（来源 我们的太空官方新媒体中心）

运动锻炼是航天员和飞行员常规的训练科目，有氧耐力训练和力量训练是主要的训练方式。通常认为有氧耐力运动主要提高心肺功能和抗疲劳能力，进行力量运动可以增加肌肉最大力量和力量耐力，在太空锻炼是为了防止肌萎缩，对抗骨丢失。航天员和飞行员进行的体育锻炼要区别于高水平运动员，也区别于全民健身，不是成绩越高越好，也不是强度越大越好，训练的目的是适应飞行任务的需要。例如，通过运动训练来改变人体适应重力变化的能力，耐力素质在一定水平范围内与人体重力变化适应能力成正比，可是超出一定的水平，反而有可能不利于人体重力变化的适应能力，因此训练"程度"的把握尤为重要。并且，关于运动训练对人体航空航天环境重力变化适应能力的影响长期以来还存在一些争论。

有研究发现，经常性的有氧耐力训练能够保持良好的心肺功能，提高飞行员的超重耐力水平。但长时间高强度的耐力训练会引起飞行员的立位耐力降低，返回地面后容易发生晕厥。这主要是因为迷走神经张力增加，压力反射敏感性降低，使得心率减慢，心血管应激能力减弱，力量锻炼可以增加血容量、提高压力反射敏感性，降低下肢动脉顺应性。从理论上讲这些因素的改变似乎可以提高立位耐力，但是有限的报道结论也是不一致的；而强度过大的力量练习对血管的弹性不利，甚至会导致动脉硬化和诱发心血管疾病。因此，建议对飞行员或航天员群体进行运动训练最好采用中等的合适的训练强度。

根据以往关于飞行员特殊群体的运动锻炼方面已经报道的资料，还没有证据表明单纯的有氧耐力训练能够直接提高航天重力适应能力，但是将力量练习和有氧耐力练习合理搭配进行训练，并且采用中等的训练强度，对提高航天重力适应能力是有效的。Patrick 让参加 60 天卧床模拟失重试验的受试者在该期间进行力量锻炼和有氧锻炼，结果提示：这两种锻炼方式结合起来作为对抗措施虽然没有提高立位耐力，但是可以保护血容量和血管的功能。划船项目是一种结合耐力和力量练习的运动，长期进行锻炼可以预防血管的顺应性下降，提高压力反射敏感性。Wiegman 曾对空军飞行员进行过提高重力适应能力的运动锻炼方法研究，一种训练方法是受试者每周平均跑 16 千米，另一种训练方法是受试者每周平均 2.6 次的耐力练习和每周 1 小时的举重练习，结果显示，采用第二种运动训练方法的受试者超重耐力值普遍较高，而采用第一种运动训练方法的受试者超重耐力值则较低。虽然第二种运动训练方法看似有效，但是在实际实施过程当中占用时间较长，难以坚持。总结以上各专家的研究结果显示：采用有氧耐力练习与力量练习相结合的综合性锻炼方法与单一的有氧耐力练习方法和单一的力量练习方法相比较，在提高人体的超重耐力等重力适应能力方面，综合性的运动锻炼方法效果最好。

力箭一号遥二运载火箭发射（来源：我们的太空新媒体中心官方微博）

国际空间站上宇航员的体育锻炼项目主要是通过跑台、功率自行车维持心肺功能，有利于心血管功能的调节适应，使用拉力器等抗阻力装置用来锻炼肌肉，减少骨丢失和肌萎缩。2011年美国航空航天局（NASA）在国际空间站上开展了"综合抗阻和有氧训练研究"项目，通过利用空间站现有的一套综合性的锻炼设备，对运动训练方法进行评估，探讨更适宜的太空运动锻炼方式，该项目研究一直持续至今。从目前国际空间站的研究也可以看出综合性的运动训练方式将会是今后关注的热点和趋势。

国际载人航天领域对综合性的防护措施非常重视，主要认为人体是一个有机结合的整体，在研究防护措施时必须考虑要共同全面对抗失重对人体的不良影响，以保持对人体整体功能的高效性。并且提出由于学科的交叉、人体生理功能的整合和载人航天资源的昂贵代价决定了在未来失重防护措施的发展方向就是建立以综合防护为主的失重防护措施体系。

巡天太极拳创作心路

如何为航天员设计专属太极

第一，航天员和科技工作者锻炼时间有限。尤其执行任务时，工作负荷较重，压力较大，锻炼时间更不多，一套完整拳路设计时间5~6分钟，可以根据具体情况进行套路的循环练习或者把单个动作选取出来单独进行练习，时间可以灵活控制。

第二，移动范围有限。双脚固定或者在狭小的空间内进行运动。

第三，锻炼要有针对性，主要以运动心理调适为主。设计时在遵从原理的基础上，从运动生理学角度兼顾全身各部位关节、肌肉、骨骼的锻炼，还要重点考虑运动心理的效果。

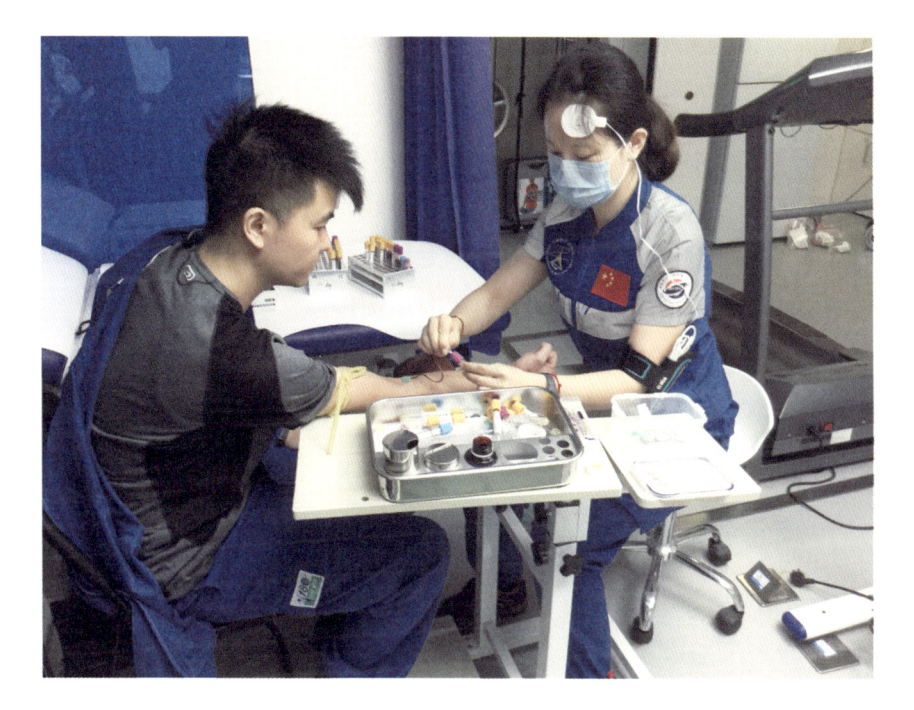

"绿航星际"太空 180 试验舱中乘员进行采血化验

  第四，动作优美，舒畅。设计时准确把握各动作的含义，衔接处清晰明确，精选民间传统太极拳最基本的动作当中有一定锻炼目的和传统文化含义，能够展现航天员风采的动作。
  第五，动作简单，易于学习，便于掌握。

巡天太极拳的特征

  "巡天太极拳"在创编过程中充分考虑了实践应用的特殊性，故"巡天"太极拳较常规太极拳锻炼方式自身特征明显。首先，套路运行路线，中点"起势""收势"，两翼运行，占据空间有限；其次，动作左右对称，全面提高身、心和大脑协调性；然后，盘拳行功体位不受限制，行、走、坐、卧均可练习，动作也可拆开单练，不受套路限制，练习时间和负荷强度可调；最后，动作规矩，势正招圆，练功巩基。为满足实践需要，"巡天"太极拳的创编既突出其深刻寓意，又要强调动作对航天员身心的调节。创编以"太极十三式"为基础，选取太极拳基本功的练习动作，结合航天空间的特殊性，从实用性适应性为原则出发点，形成了新的套路。

"巡天"太极拳主要是针对航天员或科技工作者不同的练习条件进行设计，共包含两路拳。

一路拳主要适合航天员在太空失重或微重力条件下进行的练习，练习时双脚固定，以上肢动作和身体核心区练习为主，下肢通过重心的转移和重心的起伏进行练习，动作的设计上兼顾了左右、上下、前后各个方向，舒展筋骨、平衡调节身体的同时注重心理调适；二路拳主要适合航天员和科技工作者在发射前或在地面狭小空间内执行任务时进行的练习，活动范围在2米以内，活动身体的同时，注重心理调适。

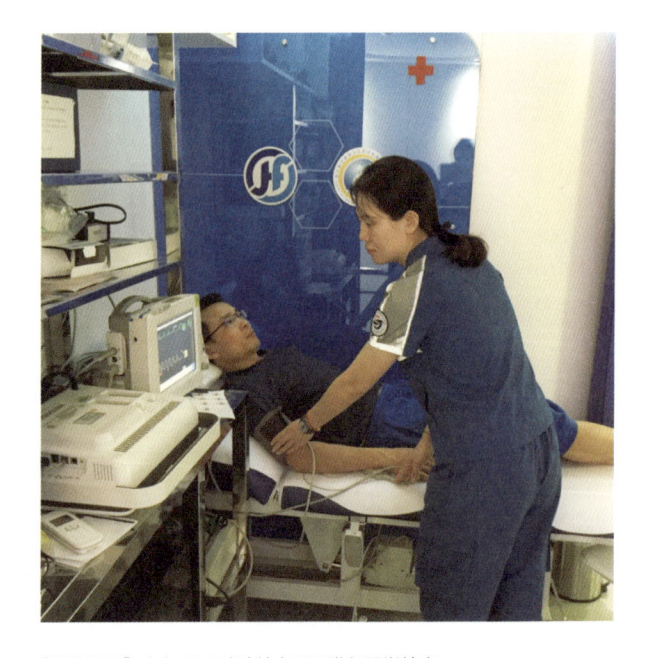

"绿航星际"太空180试验舱中乘员进行医学检查

航天员王亚平在太空练习巡天太极拳

巡天太极拳基本动作

拳的礼仪（抱拳礼）

现今武术规则规定并在国内外武术界一致采用的具有代表性的礼法是"抱拳礼"。演练巡天太极拳的起势前和收势后用此礼法。

行礼的方法：身体并步直立，两臂屈肘于胸前，左手四指并拢伸直，拇指屈拢；右手握拳，左掌心抱贴右拳面（左指跟线与右拳棱相齐），拳掌合于胸前，与胸相距为本人的2～3拳（20～30厘米）。头要正，目视受礼者，面容举止自然大方。

抱拳礼

主要基本动作

1. 掌
　　太极拳的掌要求五指自然伸直，微成凹型，虎口不可太张，四指似离非离，五个手指基本在一个平面上。

2. 拳
　　太极拳的拳握法是四指并拢，用中指尖带领向手心卷曲，大拇指肚贴于中指中上端，轻轻握住。

3. 弓步

前腿屈膝，大腿斜向地面，膝与脚尖基本垂直，脚尖直向前，后腿自然伸直，脚尖斜向前45°～60°，两脚全脚着地。

4. 上步

4

天拳：巡天太极一路拳（共9式）

拳路特色

1.巡天太极一路拳（天拳）套路动作选自主要太极拳流派的典型动作，小而精。

2.适合航天员在太空舱内失重又狭小的空间环境下，开步站立，两脚固定，主要适合航天员在太空失重或微重力条件下进行的练习，练习时双脚固定，原地练习，以上肢动作和身体核心区练习为主，下肢通过重心的转移和重心的起伏进行练习，在动作的设计上兼顾了左右、上下、前后各个方向，舒展筋骨的同时以心理调节为主。

3.本套拳也适宜在地面上，空间位置狭小，双脚不能移动，需要锻炼的人群进行练习。

动作名称

预备式（无极势）

第1式　起势（太极势、怀抱日月）

第2式　旋转乾坤（1、2）
　　　　1. 丹田内转
　　　　2. 内外潜转

第3式　野马分鬃

第4式　云手

第5式　揽扎衣

第6式　直立架掌

第7式　倒卷肱

第8式　起承开合

第9式　收势

动作图解

预备式（无极势）

　　固定两脚，开步直立，横距约同肩宽；肩臂松垂，两掌指尖触大腿侧，两肘微外展，虚腋；头部要虚领顶劲，下颌内收，竖项，眼平视前方。

抱拳礼

第1式 起势（太极势、怀抱日月）

两腿屈膝；同时左掌托抱右拳于小腹部，手心均向上；重心在两脚中间；两臂微屈呈圆，眼前斜下视。

要　领

- 身体保持中正，忌突臀、仰身、腆腹、低头弯腰、左右倾斜。
- 意境：拳似日（太阳），掌似月，加之两臂呈圆，如同宇宙星球皆抱于我胸怀，自身当作一小宇宙。

天拳：巡天太极一路拳（共9式）

第 2 式　旋转乾坤（1、2）

旋转乾坤 1：丹田内转

1. 左上旋绕

重心移至左腿，左掌托右拳向左向上绕至左腰前，眼视前方。

2. 中上旋绕

重心移至两脚中间，左掌托右掌向上向右绕至胸窝处，眼视前方。

1　　　　　　　　　　　　　　2

3. 右下旋绕

重心移至右腿，左掌托右拳向右向下绕至右腰前，眼视前方。

4. 中下旋绕

重心移至两脚中间，左掌托右掌向左向下绕至小腹前，眼视前方。

要　领

- 按以上1、2、3、4分动图解连起来再重复一遍，即左掌托右拳按顺时针方向共做两个绕圆。
- 在做丹田内转过程中，两腿微屈，膝关节与脚尖相对，上体中正。
- 意境：如同航天员乘坐神舟飞船进入巡天轨道。

旋转乾坤 2：内外潜转

1. 转体抱球

上体左转，重心移至左腿；同时右臂内旋，右拳变掌向上绕至左胸前：掌心翻向下，指尖向左；左掌绕至左腹前，掌心向上，指尖向右，两掌心相对，两掌呈抱球状；眼视右掌。

2. 坐步滚抱

重心移至右腿并屈膝，两掌抱球按顺时针方向滚绕，左掌绕至左胸前，右掌绕至左腹前，两掌心相对；眼视左掌。

3. 胸前抱球

上体右转（胸向南），重心移至两腿中间，两掌抱球按逆时针方向滚绕至胸前，呈左右抱球，掌指向前；眼视前方。

4. 转体右抱球

接上动不停，上体继续右转（胸向西），重心移至左腿，并屈膝；两掌抱球继续按逆时针方向滚绕，右掌绕至右胸前，左掌绕至右腹前，掌心仍相对；眼视右掌。

要　领

- 重心移动，两手抱球，上体始终保持中正。
- 两脚平行站立，脚掌贴地，不得移动。
- 上体转动，以腰为轴带动两手抱球滚绕，两手心始终相对，距离始终相等与肩同宽。
- 转体重心移动时，两膝与两脚尖始终相对，以腰为主宰，避免挫伤膝踝。以后转体移动重心均如此要求，不再赘述。
- 抱球定式始终保持沉肩坠肘，不可掀肘。
- 意境：抱球运转如同人与天体星球共处一宇宙间。天人合一，一切星球尽在我胸怀。

第3式 野马分鬃

1. 转体滚抱

重心移至左腿并屈膝,上体左转(胸向东南),两掌抱球,边转体,边按顺时针方向向左绕转,左掌绕至左胸前,右掌绕至左腹前,掌心仍相对,眼视左掌。

1

2. 坐步滚抱

重心移坐至右腿，上体微右转，两掌抱球按逆时针方向滚绕，右掌绕至右胸前，左掌绕至右腹前，掌心仍相对，眼视右掌方向。

3. 屈蹲合掌

两腿屈蹲，重心逐渐左移，两掌在胸前缓慢上下相合；左掌向前上掤意，右掌向下有采意；眼视左掌方向。

4. 转体分掌

接上动不停，重心移至左腿，上体微左转（胸向东南）；同时左掌向左前上方绕举至左肩前，掌心斜向上，指尖斜向前；右掌向下、向后按于胯旁，掌心向下，指尖向前；眼视左掌。

5. 转体抱球

重心移至右腿，上体右转（胸向南）；左掌向下、向右弧形绕至右腹前，掌心向上；右掌向右、向上、向左绕至右胸前，掌心向下与左掌心相对，呈抱球状。眼视右掌。

6. 坐步滚抱

重心移至左腿并屈膝，上体微左转（胸向南）；两掌抱球按顺时针方向绕转，左掌绕至左胸前，右掌绕至左腹前，掌心仍相对；眼视左掌。

7. 屈蹲合掌

两腿微蹲，重心逐渐右移，两掌在胸前缓缓上下相合；右掌向前上有掤劲，左掌向下采按劲；眼光随视右掌方向。

8. 转体分掌

接上动不停，重心移至右腿，上体微右转（胸向西南）；同时，右掌向右前上方绕举至右肩前，掌心斜向上，指尖斜向前；左掌向下、向后按于胯旁，掌心向下，指尖向前，眼视右掌。

要　领

- 野马分鬃动作体现太极拳的开合技理，抱球为合，分掌为开；合为吸气，开为呼气，如此内外兼修。
- 意境：如同航天员在太空展翼飞翔。

第4式　云手

1. 旋臂翻掌

右臂内旋，右掌心翻向斜下方；左臂外旋，左掌向右上绕至右腰前，掌心向上，眼视右掌方向。

2. 掤臂落掌

重心逐渐左移，右掌下落采按至右胸侧；左掌微内旋，向上掤至右肩前，掌心向内，眼视左掌。

3. 转体左云掌

上体左转，重心移至左腿；左掌向上经面前向左绕至左肩左前侧，掌心翻向斜下方；右臂外旋，右掌向下、向左绕至左腰前，掌心翻向上；眼视左掌方向。

2　　　　　　　　　　　3

4. 掤臂落掌

重心逐渐右移，右臂微屈内旋，右掌向上、向右绕至左肩前，掌心向内；左掌下落至左腰侧，掌心向下，眼视右掌。

5. 转体右云掌

重心移至右腿，上体右转，随之右掌向上、向右经面前，边内旋边向右绕，掌心翻向外，举至右肩右前上方；左掌边外旋边向下、向右、向上弧形绕于右腋前下方，掌心翻向上，眼随视右掌。

4

5

6. 转体左云掌

重心移至左腿，上体左转（胸向东南），随之左掌边内旋边向上、向左经面前绕至左肩左前上方；右掌向下边外旋边向左绕至左腹前，掌心向上；眼随视左掌。

> **要　领**
>
> - 云手动作是两手臂随左右转腰，围绕上体划立面交叉圆运动。太极拳有一比喻，即"腰似车轴，手似车轮"之说。
> - 两手臂随腰转划圆，同时自身在做内旋与外旋动作，如同地球绕太阳公转又自转一样。
> - 太极拳要求手眼相随，正如航天员天宫观月。

第5式　揽扎衣

1. 坐步落掌

重心移至右腿屈膝，两手弧形下落至左腹前，左掌在前，掌心向下；右掌在后，掌心向上；眼视左掌。

2. 屈臂托掌

两臂屈肘，左掌外旋向上托至左胸前，掌心向上，指尖向前（东南）；右掌指附于左腕上，掌心向下；眼视左掌方向。

3. 伸臂穿掌

重心移至左腿并屈膝，左掌向前（东南）穿出，掌心向上，指尖向前（东南），同额高；眼视左掌方向。

4. 坐步挂掌

重心移至右腿并屈膝；上体微左转，左臂屈肘微内旋腕，掌心斜向上，以拇指根为着力点向左后挂带至左肩前，右掌指仍附于左腕上；眼视左掌。

5. 旋臂按掌

重心移至左腿并屈膝；左掌内旋立掌向前（东南）推按，指尖同鼻高，掌心斜向前；右掌内旋指尖附于左拇指根下，掌心斜向前，两掌并有按劲；眼视左掌。

6. 旋臂搭腕

左掌外旋，掌心向上，指尖向右，至左胸前；右掌内旋，掌心向下，绕至左掌腕上，两腕相搭；眼视两掌方向。

7. 转体右绕掌

重心移至右腿，上体右转（胸向西南），右掌向右平绕至右肩右前方，掌心斜向下，指尖斜向上；左掌随右掌向右绕至右肘内下方，掌心向上；眼视右掌。

8. 坐步落掌

重心移至左腿并屈膝，两掌弧形下落至右腹前，右掌在前，掌心向下；左掌在后，掌心向上；眼视右掌。

9. 屈臂托掌

两臂屈肘，右掌外旋向上托至右胸前，掌心向上，指尖向前（西南）；左掌内旋，指尖附于右腕上，掌心向下；眼视右掌。

10. 伸臂穿掌

重心移至右腿并屈膝，右掌向前（西南）穿出，掌心向上，指尖向前（西南）同额高，左掌指仍附于右掌腕上；眼视右掌。

11. 坐步挂掌

重心移至左腿并屈膝，上体微右转，右臂屈肘，微内旋腕，掌心斜向上，以拇指根为着力点向右后挂带，至右肩前，左掌指仍附于右腕上；眼视右掌。

12. 旋臂按掌

重心移至右腿并屈膝，上体微右转，右掌内旋立掌向前（西南）推按，指尖同鼻高，掌心斜向前，并有按劲；眼视右掌。

要　领

- 两掌臂随屈就伸，内气吞吐，以动寓静，排除杂念，心静安舒。

第 6 式　直立架掌

1. 落掌开臂

两掌臂内旋，在体前两掌左右分开下落，掌心均向下；眼视两掌。

2. 转体撩掌

重心移至两腿中间，上体左转（胸向南），右掌向左下绕弧撩掌至右小腹前，掌心斜向前，左掌指附于右腕上；眼视右掌。

3. 直立架掌

两腿伸起，身体直立；右掌向上边内旋边上举，横于右额前上方，掌心向上，右臂微屈；左臂屈肘，左掌横于胸窝前，掌心向下，小指侧向前；眼平视前方。

4. 落掌开臂

重心移至右腿并屈膝，上体左转，两掌臂内旋，在体前（东南）左右分开下落，掌心均向下；眼视两掌。

> **要 领**
>
> - 头部虚领顶劲，两臂撑圆，立身端正、稳固，有顶天立地之气魄。

5. 转体撩掌

重心移至两脚中间，上体右转（胸向南），左掌向右下绕弧撩掌至左小腹前，掌心斜向前，右掌指附于左腕上；眼视左掌。

6. 直立架掌

两腿伸起，身体直立；左掌边内旋边上举，横于左额前上方，掌心向上，左臂微屈；右臂屈肘，右掌横于胸窝前，掌心向下，小指侧向前；眼平视前方。

第7式　倒卷肱

1. 转体抱掌

上体右转（胸向西南），重心移至左腿；两臂均微外旋、微屈；左掌向前（南）弧形下落至左肩高；右掌向下、向右、向上弧形升至右肩侧前，与肩同高；两掌臂如在胸前平抱大球状，两掌心斜相对；眼视右掌。

2. 转体屈臂

上体左转（胸稍向西南），左掌外旋，掌心向上；右臂屈肘，右掌向上、向前绕至头右侧，掌心与左掌心斜相对，重心右移；眼视左掌。

3. 合手推掌

上体微左转，重心移至两脚中间，右掌向前经左掌上方向前（南）推出，左掌稍下落至右前臂左下；眼视右掌。

2

3

4. 转体抱掌

上体左转（胸向东南），重心移至右腿；两臂均微外旋、微屈；右掌举至右肩高；左掌向下、向左、向上弧形升至左肩侧前，与肩同高，两掌臂如在胸前平抱大球状，两掌心斜相对；眼视左掌。

5. 转体屈臂

上体右转（胸微向南），右掌外旋，掌心向上；左臂屈肘，左掌向上、向前绕经头左侧，掌心与右掌心斜相对，重心左移；眼视右掌。

6. 合手推掌

上体微右转（胸向南），重心移至两脚中间，左掌向前经右掌上方向前推出，右掌稍下落至左前臂右下方；眼视左掌。

> **要　领**
>
> - 分动1和分动4"转体抱掌"为吸气，分动3和分动6"合手推掌"掌心相对时为呼气。
> - 意境：掌心劳宫穴借宇宙之气养我精气，人与宇宙混元一体。

第 8 式　起承开合

1. 转体伸臂

上体左转（胸向东南），重心移至左腿，两掌向胸前伸举，掌心相对，两掌横距同肩宽，指尖向前，眼视两掌方向。

2. 坐步落掌

重心移至右腿并屈膝，两掌心相对落至小腹前，指尖斜向下，眼视前下方。

3. 屈臂起掌

两臂屈肘，两掌均向上立起，掌心斜相对，右掌至右胸腹之间左掌稍高于左胸指尖对鼻；眼视左掌。

4. 旋臂按掌

重心移至左腿，并微屈膝；两掌内旋，左掌在上，右掌在下，向前按出，掌心均向前，两臂微屈，沉肩垂肘；眼视左掌。

5. 坐步开手

重心移至右腿并屈膝成右坐步；两掌向下、向侧开落于两腰前，掌心斜向下，指尖斜向上；眼斜下视。

6. 进身合手

重心移至左腿，上体随之跟进；两掌由外向内、向上绕弧合于胸前，两肘微外展，两掌虎口张开，拇指尖相对，相距 10 厘米，两掌如接球状；眼视两掌间。

7. 转体伸臂

重心移至右腿并屈膝，上体右转（胸向西南）；随之两掌臂向右摆至胸前，两臂微屈，掌心相对，横距同肩宽，指尖向前；眼视两掌。

8. 坐步落掌

重心移至左腿并屈膝，两掌心相对向下落至小腹前，指尖斜向下；眼斜下视。

9. 屈臂起掌

两臂屈肘，两掌均向上立起，掌心斜相对，左掌至左胸腹之间右掌稍高于右胸；眼视右掌。

10. 旋臂按掌

重心移至右腿，并微屈膝，两掌内旋，右掌在上，左掌在下，向前按出，掌心均向前，两臂微屈，沉肩垂肘；眼视右掌。

11. 坐步开手

重心移至左腿成左坐步；两掌向下、向侧开落于两腰前，掌心斜向下，指尖斜向上；眼斜下视。

12. 进身合手

重心移至右腿并屈膝，随之上身跟进；两掌由外向上、向内绕弧合于胸前，两肘微外展，两掌虎口张开，拇指尖相对，相距 10 厘米，两掌如接球状；眼视两掌间。

> **要　领**
> - "起承开合"是武氏太极拳典型的核心技法，讲究出手不过脚尖，两手各管上身一半，技法紧凑，内气（劲）含蓄。
> - 航天员起航承载科研使命，练习此技法要求精神内守，排除杂念，调整心理状态。

11　　　　　　　　　　　　　　12

第9式 收势

1. 体前抱掌

重心移至两脚中间；左掌弧形下落于小腹前；右臂屈肘内旋，右掌至胸前与左掌心相对；眼视前方。

2. 蹲身托拳

两腿屈蹲；右掌外旋变拳下落托于左掌上；眼向前平视。

1

2

3. 举臂托掌

两腿徐徐升起，右拳变掌，两掌臂向前上举起，两掌至同肩高，掌心向上；眼向前平视。

4. 起身落掌

上动不停，两腿继续伸起，两掌臂边内旋边下落，经腹前掌心相对，两腿伸直，两掌落于胯旁，掌心向下，指尖向前；而后两掌臂收于体侧，掌指尖贴于大腿侧；眼向前平视。

3　　　　　　　　　　4a　　　　　　　　　　4b

4c　　　　　　　　　　　　抱拳礼

要　领

● 分动 3 "举臂托掌" 和分动 4 "起身落掌" 连续动作，是在两腿伸起同时完成，特别要注意上下协调性。

天篇　　　　　　　　　　　　　　　　　　　　　　　　　　　　天拳：巡天太极一路拳（共 9 式）

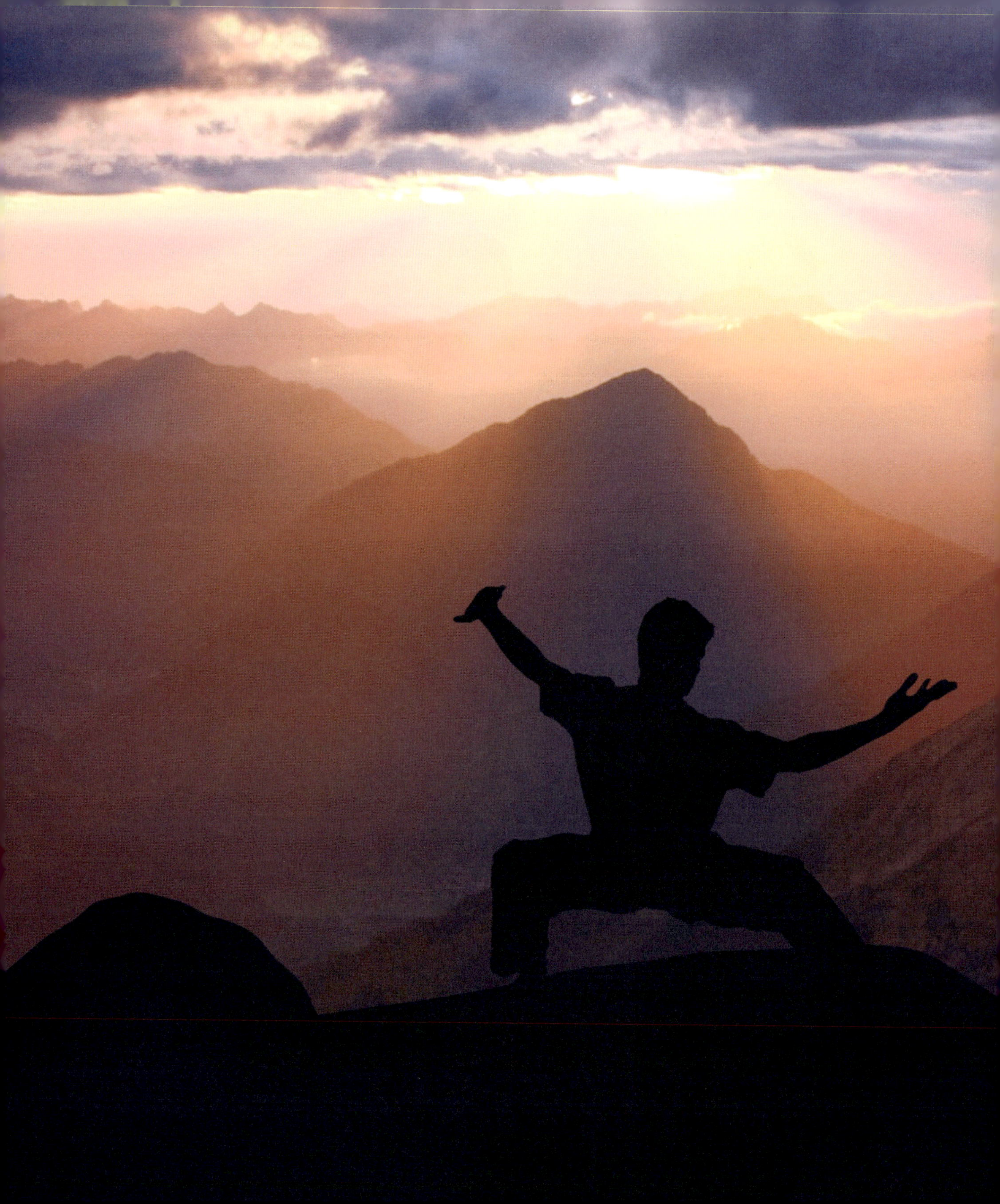

地篇

扎根沃土，天人合一

巡天太极拳创编的文化背景

扎根传统，取法哲学

　　太极拳是中国传统文化的瑰宝，被世界誉为"东方芭蕾"。它依据的是《易经》《黄帝内经》，具有和谐的文化理念，集中国的哲学和传统医学大成于一身，讲究的是对立统一、阴阳平衡、疏经通脉、整体调和，目的是以内养外，通过导引、吐故纳新，调身、调息、调心，把人体局部失衡的系统功能环节调顺，使人与环境、人与自然从整体上重新归于和谐，以达到"天人合一"的最高境界。太极拳区别于其他常规的运动项目之处，不仅在于赋予了调身、调息、

以太极拳为代表的中国武术，讲求天人合一（武术名教授门惠丰练习太极拳）

调心的内容，而且强调"三调合一"。古老的中国哲学理念认为，世界是动态的，是不断变化的，宇宙的成因是气化流行，宇宙的规律是天行有常，太极拳把"天行有常"和世界的动态变化通过外在动作导引的方式，让所有练习的人都能够利用太极拳运动来把虚无、抽象的"天人合一"具体化、实践化。

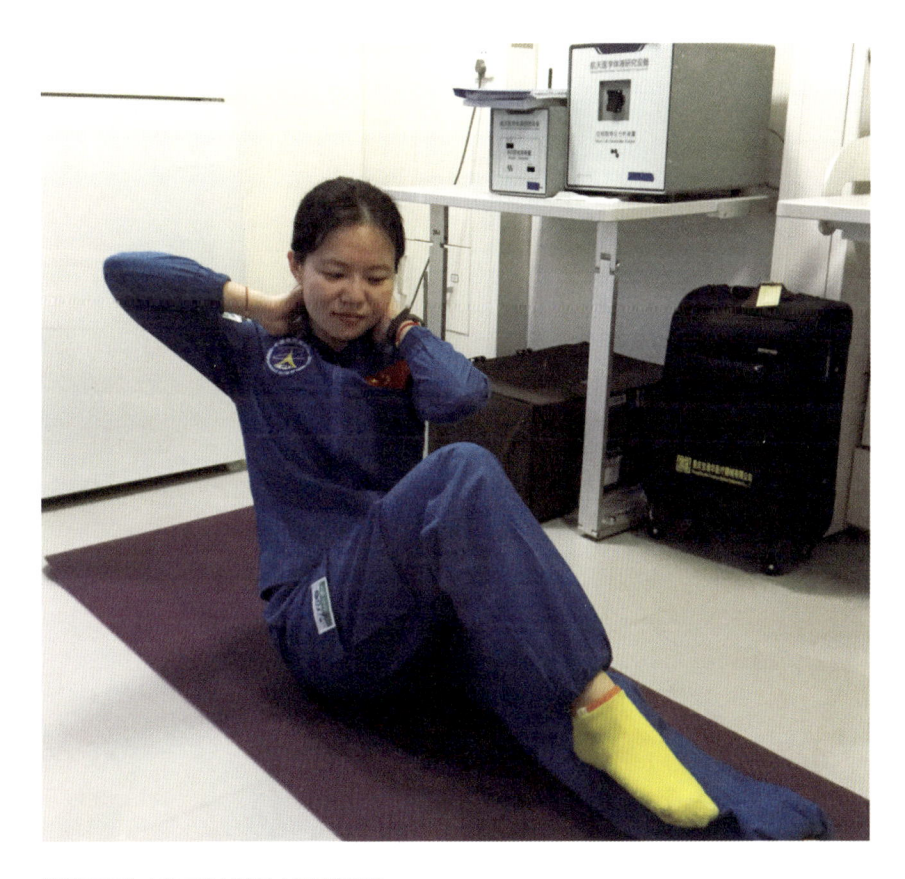

"绿航星际"太空 180 试验舱中乘员的锻炼

太空时代和谐艺术

现在国际空间站是采用跑台、功率自行车、弹力带、组合式抗阻练习等在轨锻炼方式，来有效减轻血液向头分布带来的不适，提高心血管功能和肺功能，对抗肌萎缩和骨丢失，这些练习方式是分系统锻炼，目前在空间失重或微重力的状态下得到了一定的锻炼效果。太极拳运动从理论上适合航天员在太空进行练习。太

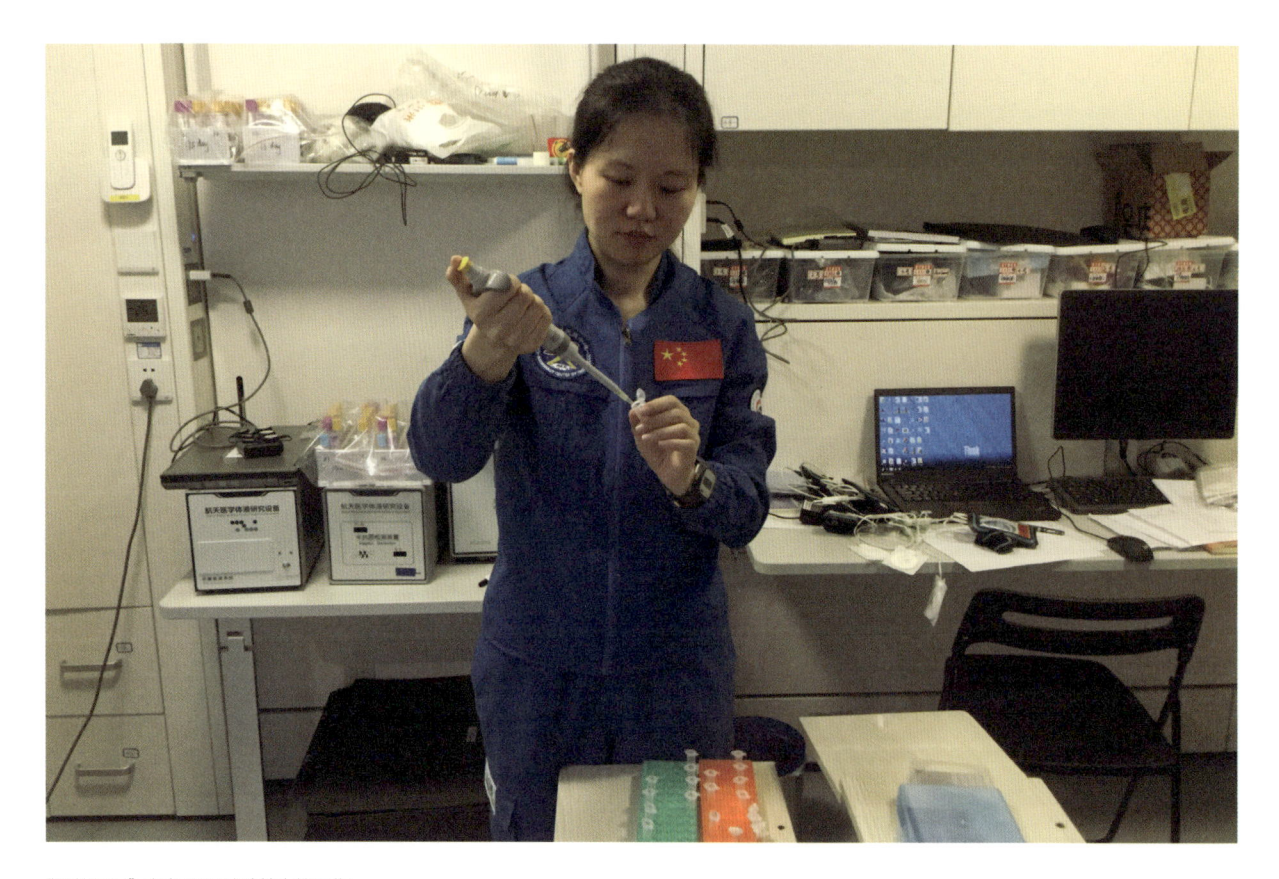

"绿航星际"太空 180 试验舱中的工作

极拳凝聚着传统哲学和传统医学的精髓，中国根深蒂固的思想讲究的是"和谐"，太极拳就是和谐的艺术，强调动静结合，保持体势稳态的锻炼，生理稳态的锻炼和心理稳态的锻炼，其实质是依照客观变化的规律调节人体自身以适应外界变化的环境，这对于航天员在太空的锻炼来说有着重要的意义，主要表现在以下4个方面。

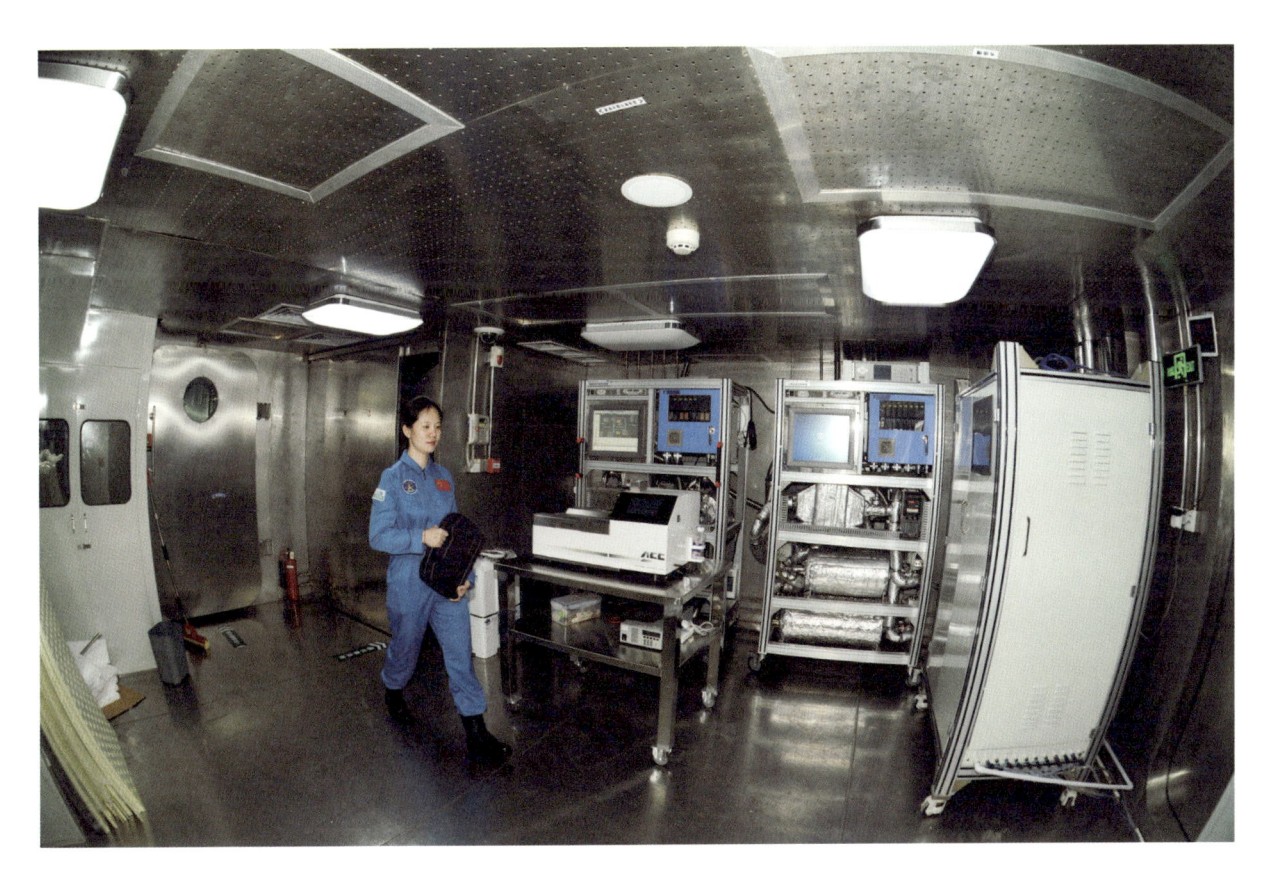

"绿航星际"太空180试验舱中的工作

第一，在太空进行太极拳运动具有很高的安全性。太极拳讲究精神要放松，形体要运动，动作风格柔和缓慢。失重状态下人体的运动功能降低，降低的功能状态与运动的强度并不是随时能够达到合理的匹配，而太极拳的拳理在任何时候都是顺势而作，具有个性化特点，对人体是柔和、顺应的调整，没有强制性的干预。因此，太极拳完全可以避免运动对人体造成的损伤，可以在空间能源资源有限的条件下随时随地进行练习。

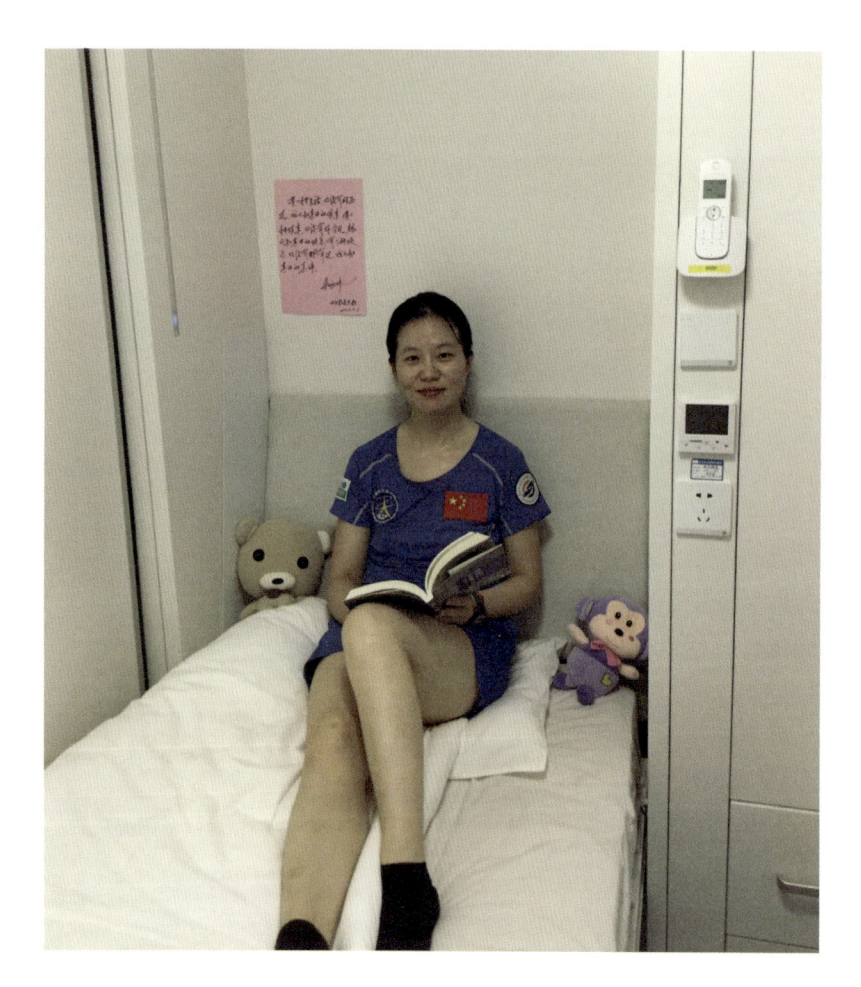

"绿航星际"太空180试验舱中的生活

第二，太极拳运动能够提高身体姿态的控制和平衡性。航天员在失重的环境中，由于没有着力点，身体最容易失去平衡，姿态控制不好，不只影响操作任务的完成，还有可能对身体造成损伤。太极拳讲究有上必有下，有前必有后，有左必有右，均为对称练习。另外，动作的优美展现对身体核心部位的力量要求比较高，通过长时间练习可以提高身体姿态的控制和平衡性。

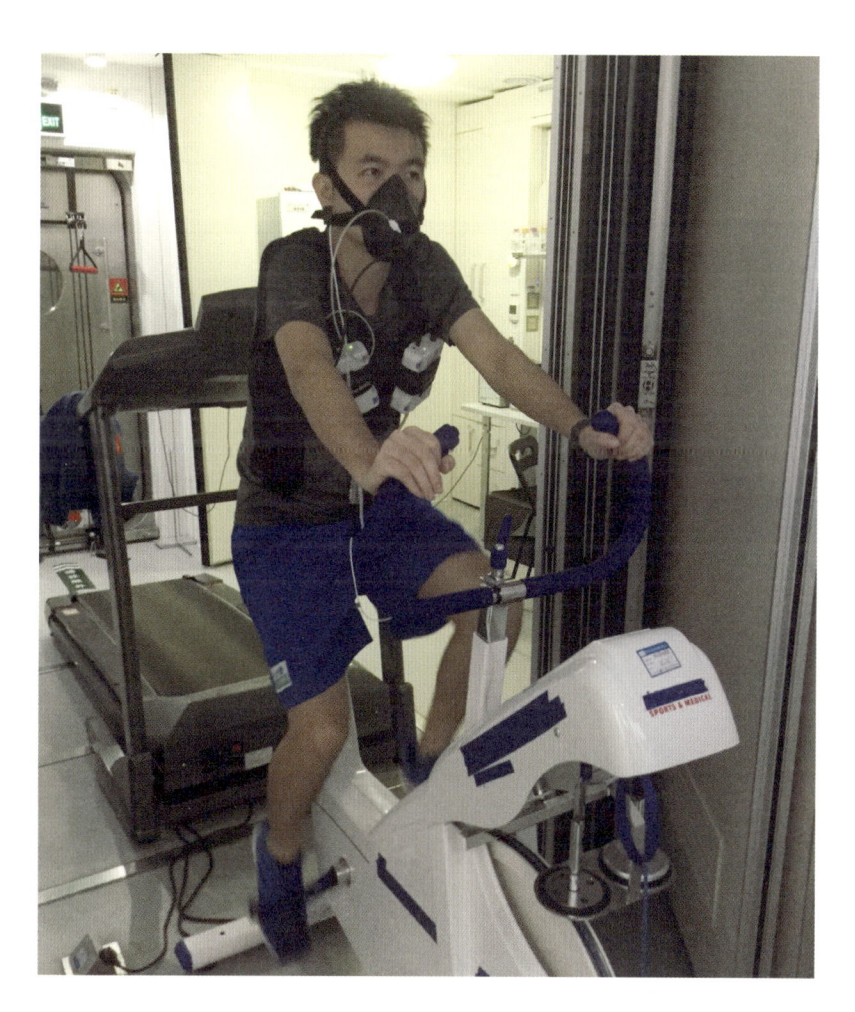

"绿航星际"太空 180 试验舱中的运动功能监测

第三，太极拳运动能够从整体调节人体生理功能状态，使其尽快适应变化的环境。航天环境重力性变化会引起人体生理功能的一系列变化。呼吸是生理活动的基础，只有"吐故"才能"纳新"，太极拳练习中要求呼吸自然，匀细而深缓，主要凭借主动干预呼吸方式、频率来入手，刺激胸膈肌有节奏的升降，可以更加有效地增大腹腔的体积，按摩体内的脏器，促使心脏冠状动脉反射性加强，提高心血管功能状态；并且还会将呼吸动作反馈到中枢神经系统，在节能的情况下提高了呼吸系统的功能，进而改善并增强神经体液系统的调节功能，增加新陈代谢，激发人体的自愈能力，促使机体快速适应新的环境变化。

天舟五号货运飞船
（来源：中国载人航天工程网官方微博）

神舟十四号航天员在轨锻炼（来源：央视网）

神舟十四号航天员在轨锻炼（来源：央视网）

神舟十二号乘组练习巡天太极拳（来源：央视网《开学第一课》）

第四，进行太极拳运动有利于心理和情绪方面的稳定。常规体育运动一般能够提高交感神经的兴奋性，对副交感神经的作用不大，太极拳是一项平稳交感、副交感神经兴奋性的运动，使神经功能达到新的层面平衡，训练可以使心率减慢，归于平静。尤其主动调心入静时，前脑额叶的神经活动促使脑垂体增加愉悦感的 β- 内啡肽分泌，达到自我调节、自我均衡的效果，增强了适应外环境的干扰能力。有研究显示：坚持 3 个月的太极拳锻炼，练习者在人际、抑郁、焦虑和敌对的情绪指标上都有不同程度的改善。心理活动与生理功能是相辅相成的，心理的稳定对保持生理的稳定，保证任务的完成极其重要。

人体内部是一个巨系统，人体与外界环境也是一个整体，会相互影响，相互制约，只有相互和谐顺畅，才能更好地发展。这其中是一个动态变化的过程，是一个逐渐适应、达到新平衡的过程，合乎哲学与科学的双重原理。太极拳运动正好顺应这一规律，又是中国传统运动项目，航天员在太空执行飞行任务过程中进行太极拳练习必定有其特殊的作用和意义。

地拳：巡天太极二路拳（共18式）

拳路特色

1. 套路动作选自主要太极拳流派的核心动作，精而又精，突出核心。套路运行线路是中点起收势，两翼之运行，动作左右对称，协调身心，能够得到全面锻炼。

2. 动作势正招圆，以功带法，练功固基。讲究圆转运动，符合宇宙、星球的运转规律。航天员在太空舱圆轨道上运行，以期能达到"天人合一"的境界。

3. 主要适合航天员在发射前或地面狭小空间内执行任务时进行的练习，活动范围在2米以内，活动身体的同时，主要以心理调节为主。

4. 行走坐卧均可练习。本套拳可以成套练习，可以组合动作练习，还可以单个动作循环练习。练习强度能够根据需要和自身情况灵活控制。同样适合地面人员在狭小空间内进行练习。

动作名称

预备式（无极势）

第 1 式　起势（太极势、怀抱日月）

第 2 式　旋转乾坤（1、2）
    1. 丹田内转
    2. 内外潜转

第 3 式　四正手

第 4 式　绕环掌

第 5 式　起承开合

第 6 式　野马分鬃

第 7 式　云手

第 8 式　活步开合掌

第 9 式　背折靠

第 10 式　四正手

第 11 式　绕环掌

第 12 式　起承开合

第 13 式　野马分鬃

第 14 式　云手

第 15 式　活步开合掌

第 16 式　背折靠

第 17 式　怀抱日月

第 18 式　收势

要　领

- 第 10 式至第 16 式动作，与第 3 式至第 9 式动作相同，唯左右方向相反。

动作图解

预备式（无极势）

两脚并拢，身体自然直立；肩臂松垂，两手指尖自然展开，指尖触大腿侧；头项端正，下颌内收，舒胸展背，敛臀，躯干正直；呼吸自然；眼平视前方。

> **要　领**
>
> - 虚领顶劲，如同头顶系一绳徐徐上领；又如同向上头顶一物。

第1式　起势（太极势、怀抱日月）

左脚向左开步，两脚相距与肩同宽，两腿屈膝；同时，左掌托抱右拳于小腹部，手心均向上；重心在两脚中间；两臂微屈呈圆，眼前斜下视。

要　领

- 此姿势忌突臀、仰身、腆腹、低头、弯腰，左右倾斜。
- 意境：拳似日（太阳），掌似月，加之两臂呈圆，如同宇宙星球皆抱于我胸怀，自身当作一小宇宙。

第 2 式　旋转乾坤（1、2）

旋转乾坤 1：丹田内转

1. 左上旋绕

重心移至左腿，左掌托右拳向左向上绕至左腰前，眼视前方。

2. 中上旋绕

重心移至两脚中间，左掌托右拳向上向右绕至胸窝处，眼视前方。

3. 右下旋绕

重心移至右腿，左掌托右拳向右向下绕至右腰前，眼视前方。

4. 中下旋绕

重心移至两脚中间，左掌托右掌向左向下绕至小腹前，眼视前方。

> **要　领**
>
> - 根据文字图解，连贯起来再重复做一遍，即左掌托右拳按顺时针方向共做两个绕圆。在做丹田内转过程中，两腿始终屈膝，与脚尖相对，上体中正。
> - 意境：航天员乘神舟飞船进入巡天轨道。

旋转乾坤 2：内外潜转

1. 转体抱球

重心移至左腿，上体左转；同时右臂内旋，右拳变掌向上绕至左胸前；掌心翻向下，指尖向左；左掌绕至右腹前，掌心向上，指尖向右，两掌心相对，两掌呈抱球状；眼视右掌。

2. 右移滚抱

重心移至右腿，两掌抱球按顺时针方向滚绕，左掌绕至左胸前，右掌绕至左腹前，两掌心仍相对；眼视左掌。

3. 转体滚抱

上体右转，两掌抱球按逆时针方向滚动；同时，重心逐渐移至两腿中间（胸向南），两掌呈左右抱球状。不停，上体继续右转至极点（胸向西）时，重心移至左腿；两掌抱球继续按逆时针方向滚动至右胸前，右掌在上，左掌在下，掌心仍相对；眼视右掌。

3a　　　3b

要　领

- 转体重心移动，两掌抱球，上体始终保持中正。
- 两脚平行站立，脚掌贴地不得移动。
- 上体转动以腰为轴，带动两手抱球滚动，两掌心始终相对，两手距离始终相等，与肩同宽。
- 转体时，两膝与两脚尖始终相对，以腰为轴，避免膝关节扭伤。
- 抱球定式始终保持沉肩坠肘状态，不得抬肘。
- 练习时，意境应有宇宙间一切星球的存在和运行均是圆形势态，人与天体星球共处一宇宙间，天人合一，一切星球尽在我胸怀。

第3式 四正手

1. 转体抱球

右脚内扣，上体微左转（胸向东南）；同时左臂屈肘，左掌内旋向左、向上绕至左胸前，掌心向下；右掌外旋向左绕至左腹前，掌心翻向上，与左掌心相对；眼视左掌。

1

2. 收脚滚抱

重心移至右腿并屈膝，左脚收至右脚内侧，脚尖点地；上体微左转，两掌抱球按逆时针方向滚绕，左掌至右腹前，右掌至右胸前，两掌心仍相对；眼视右掌。

3. 上步合掌

上体微左转（胸向东偏南），左脚侧前（东）上步，脚跟着地，两掌在胸前抱球上下相合；眼视两掌。

4. 弓步掤臂

重心移至左腿，左脚踏实成左弓步；左掌臂斜向前上掤起，右掌附于左腕内侧助力，左掌尖同鼻高，两臂微屈，肘尖稍外展；眼视左掌。

4

5. 旋臂展掌

上体微左转,左臂内旋,向左前伸展,左掌心翻向斜下;右掌外旋,掌心斜向上,至左肘内下方;眼视左掌。

6. 坐步右捋

重心移至右腿成右坐步；上体左转（胸向东南）；同时，左掌微外旋，右掌微内旋，两掌心斜相对，向下向右弧形绕捋于腹前。左掌在前，右掌在后，两臂微屈；眼视右掌。

6

7. 转体合掌

上体微左转（胸向东），两臂屈肘于胸前，左掌心向内，右掌心向外附于左腕内侧；眼视前方。

8. 弓步前挤

重心移至左腿成左弓步；随之进身，右掌助力使左掌前臂向前平挤，两掌臂撑圆；眼视两掌。

9. 旋臂展掌

两臂为内旋，向前伸举，两掌心向下，掌臂横距同肩宽与肩平，眼视两掌方向。

9

10. 坐步收掌

重心移至右腿成坐步；两臂屈肘，两掌逐渐向后向下收落于腹前；眼视前方。

11. 弓步按掌

重心逐渐前移，两掌向前按；不停，重心移至右腿成右弓步，两掌向外绕弧向胸前推出。两掌心斜相对，指尖斜向上与鼻高，两臂微屈；眼视两掌。

11a

11b

要 领

- 完整动作中内含太极拳技法"四正手"，即掤、捋、挤、按，意名"揽雀尾"。今在"巡天太极拳"中命名为"摘星揽月"，体现了练习者意境的文化升华。"摘星揽月"势将太空星月揽到身边，显示太极拳"四正手"沾、连、粘、随的威力，突出个"揽"字。
- 学练时，先掌握分动，然后将分动连起来，以完整动作逐渐熟练。再进一步追求圆活、沉稳；通过双人推手的锻炼方能体会"摘星揽月"的意境。

第4式　绕环掌

1. 摆脚抱球

上体稍左转，重心微后坐，左脚外摆；同时，右掌内旋绕至胸前，掌心向下，左掌外旋弧形下落至腹前，掌心向上，两掌心相对如抱球状；眼视右掌。

2. 收脚滚抱

上体继续微左转，重心移至左腿并屈膝，右脚收至左脚内侧，脚尖点地；随之两掌臂抱球向右，按顺时针方向滚绕，右掌绕至腹前，左掌绕至胸前；眼视左掌。

3. 上步举掌

上体右转，右脚向前（东）上步，脚跟着地，重心在左腿；同时，右掌向前上托举，手心斜向内，指尖斜向前，与鼻同高；左手附于右腕上，两臂微屈；眼视右掌。

4. 弓步掤臂

右脚尖落地踏实，重心前移成右弓步；同时，右前臂斜横于胸前左手附于右腕上助力，使右掌臂向前上掤劲。右掌指尖高不过眉；眼视右掌。

5. 旋臂翻掌

右臂内旋前展，右掌心翻向下；左臂外旋，左掌心翻向上，附于右腕下，眼视右掌。

6. 坐步右捋掌

　　重心移至左腿并屈膝成坐步，右脚尖上翘；上体微右转，右臂屈肘，右掌向下弧形捋至右腰前，左手仍附于右腕下方；眼视右掌。

6

7. 弓步举（挤）臂

上体左转，随之右掌外旋，向左绕经腹前至左腹前，掌心翻向上左掌内旋，掌心翻向下，仍附于右腕上；接着重心前移成右弓步，随之上体微右转，两手向前、向上、向右弧形绕举（挤）于胸前；眼视右掌。

7a　　　　　　　　　　7b

8. 坐步旋掌

重心移向左腿并屈膝成坐步，右脚尖上翘；上体右转，右臂微展接着屈肘内旋，右掌屈腕掌心向上向右旋绕至右肩前；左手外旋附于右腕前；眼视右掌。

8a

8b

9a　　　　　　　　　　　　9b

9. 跟步按掌

上体微左转，同时右掌向左立掌于胸前；接着，重心移至右腿并屈膝，右脚踏实，左脚跟进落至右脚后内侧，脚尖着地；随之右掌向前（东）按出，指尖向上，同鼻高，掌心斜向前（东北）；左手仍附于右腕下侧；眼视右掌。

要　领

- 此动作组合精选自吴式太极拳中的"揽雀尾"。以一手为主，另一手辅助做掤、捋、挤、按的技法；下肢虚实变换；身法回转，带动上肢（掌臂）上下平圆绕环，眼法随手环视，如同航天员在太空巡视宇宙，故命名为"巡视寰宇"。左右势重复练习，给人一种精神圆美的享受。
- 整个动作组合是平圆绕环，圆中随时可以出招，即太极八法均在其圆中。
- 手、眼、身、法、步要协调一致，特别是腰的回转和眼随手视是动作组合表现精气神的关键所在。

第 5 式　起承开合

1. 退步伸掌

重心移至左腿，右脚向后退步，前脚掌着地；同时两掌分开与肩同宽伸举至胸前；眼视两掌。

2. 收脚落掌

重心移向右腿，右脚踏实并屈膝；左脚收至右脚左前，脚尖着地；同时，两掌心相对向下弧形落至小腹前，掌指斜向下；眼斜下视。

3. 上步起掌

左脚向前上步，脚跟着地；同时，两臂屈肘，两掌均向上立起掌心斜相对，右掌于右腹前，左掌于左胸前；眼视前方。

4. 弓步按掌

左脚踏实，重心前移至左腿成弓步；随之，两掌内旋向前按出，两掌心向前，右掌在右腹前，左掌在左胸前略高，指尖同鼻高，两臂微屈；眼视左掌。

5. 跟步开合掌

重心移至左腿并屈膝，右脚跟进落于左脚跟内后侧，脚尖着地；两掌分别向下、向侧、向上弧形绕至胸前相合，虎口相对，掌心斜向前，指尖斜向上与额同高；两肘稍外展；两掌横向相距约 20 厘米；眼视前方。

要 领

- 分动 3、4、5 连起来成"起承开合"姿势，是武式太极拳典型的核心技法。四法贯穿武式太极拳套路全过程，出手不过脚尖，两手各管上体一半，技法紧凑，内气（劲）含蓄。练习此技法，要求精神内守，排除杂念，自控、自调心理状态，航天员起航承载巡天使命。

第6式　野马分鬃

1. 转体抱球

右脚踏实，重心移至右腿，上体微右转，右掌外旋，向右下弧形绕于腹前，掌心向上；左掌向右绕于胸前，掌心与右掌心相对；眼视左掌。

2. 收脚滚抱

上体微左转（胸向东南），左脚微收于右脚内侧，脚尖点地；两手抱球按逆时针方向滚动仍抱球于胸前，左掌在下，右掌在上；眼视右掌。

1

2

3. 上步合手

上体微左转，左脚向左前（东）开步，脚跟着地，两掌在胸前；眼视两掌。

4. 弓步分掌

重心移至左腿，左脚踏实成左弓步，左手向左前绕举，掌心斜向上，左腕同肩平；右掌向下、向后绕落至右胯侧，掌心向下，指尖向前，臂微屈；眼视左掌。

要 领

- "野马分鬃"选用在"巡天太极"中，意名为"展翼飞翔"，练习者在太空舱两掌臂上下分拉拔长，显示"欲与天公试比高"的精神气度。

第7式 云手

1. 转体掤臂

右脚外摆，左脚内扣，重心右移，上体右转，右臂屈肘，前臂外旋，右掌向左向上环绕于左肩前，掌心向内；左掌内旋下落于左腰侧，掌心向下；眼视右掌。

2. 并步右云手

身体升起，重心偏右腿，左脚落于右脚左侧；上体右转（胸向西南），右掌向上向右经面前，边内旋边向右绕云，掌心向外，举至右肩右前侧；左掌边外旋边向下向右弧形绕于右腋前下，掌心斜向上；眼视右掌。

3. 转体掤臂

重心移向左腿，上体微左转，左臂微屈，左掌向上向左绕至右肩前，掌心向内；右掌下落举于上体右侧，手心向下；眼视左掌。

4. 开步左云手

右脚向右开步，上体左转；随之，左掌向上、向左经面前，边内旋边向左绕云，掌心翻向外举至左肩左前侧；右掌边外旋边向下、向左上弧形绕于左腋前下，掌心向上；眼视左掌。

5. 转体掤臂

重心右移，上体微右转，右掌向上向右绕至左肩前，掌心向内左掌下落于上体左侧，掌心向下；眼视右掌。

4　　　　　　　　　　　　　5

巡天太极

6. 转体右云手

左脚内扣，上体右转；随之，右掌向上向右经面前，边内旋边向右绕，掌心翻向外举至右肩右前侧；左掌边外旋边向下、向右上弧形绕于右腋前下方，掌心向上；眼随视右掌。

要 领

- 云手动作是两手臂随左右转腰，围绕上体划立面交叉圆运动，太极拳有一比喻，即"腰似车轴，手似车轮"。
- 两手臂随腰转划圆，同时自身在做内旋与外旋动作，如同地球绕太阳公转又自转一样。
- 太极拳要求手眼相随，如同航天员在天宫观月。

第8式 活步开合掌

1. 收脚下捋

重心后移至左腿并屈膝；右脚收于左脚内前侧，脚尖点地；同时两掌弧形向下后捋至小腹前；右掌在前，掌心向后下，左掌在右肘内下方，掌心向上；眼视右掌。

2. 上步托掌

右脚向前（西）上步，脚跟着地；右臂外旋屈肘，右掌心向上托起至颌前；左掌内旋，掌心向下，附于右腕上；眼视右掌。

3. 跟步穿掌

重心移至右腿并屈膝，右脚踏实，左脚跟步于右脚跟左后方，脚尖点地；同时，近身右掌指尖向前穿出，掌心向上，右臂微屈；左掌仍附于右腕；眼视右掌。

4. 退步挂掌

左脚向后退步，重心移至左腿并屈膝，右脚尖上翘；上体微右转，右臂屈肘微内旋腕，掌心斜向上，以拇指根为着力点向右后挂带至右肩前，左手仍附于右腕上；眼视右掌。

5. 跟步按掌

重心移至右腿并屈膝，右脚踏实，左脚跟步至右脚左后侧，脚尖点地，左腿屈膝；上体右转，胸向前（西），右掌内旋立掌向前（西）推按，手指尖同鼻高，掌心斜向前；左手内旋，指尖附于右拇指根下，掌心斜向前，并有按劲；眼视右掌方向。

6. 转体开合手

左脚前脚掌向左辗转，使脚尖向南，上体微左转，两手在胸前成左右合掌式；眼视两掌间。

7. 转身开手

身体左转，胸向南，重心移向左腿，右脚内扣，两脚尖均同向前（南），横距同肩宽；两掌分别向左右拉开，掌心相对于肩前，相距同肩宽，掌指尖均向上；两肘低于手和肩，左右相称；眼视前方。

8. 右移合手

重心移向右腿并屈膝，两掌心相对在胸前合手，相距同脸宽；两肘斜外展，左右对称；眼视两掌尖。

要　领

- 此拳势是由孙式太极拳中体现"上步必跟，退步必撤，每转身必由开合相接"要诀的典型核心动作组合而成。手法伸屈开合，步法进退顾盼。运动方位空间狭小，但神韵内感要有宇宙（太极）无限气度之威。

第 9 式　背折靠

1. 开步举掌

左脚向左开步，重心移至右腿并屈膝，上体微右转；右臂向右展出侧举，掌心斜向上；左掌向右下弧形落于右腰前，掌心向下；眼视右掌。

2. 转体摆掌

重心移向左腿，上体左转（胸向东南）；随之，右掌向左绕摆至东南方位，掌心斜向上，指尖同鼻高；左掌随转体弧形绕于左腰侧，掌心向下；眼视右掌。

3. 旋臂左举掌

上体微右转,重心微右移;随之,左臂外旋,举左掌,掌心斜向上,指尖同鼻高;右臂内旋,掌心翻向下落于左腰前;眼视左掌。

3

4. 转体摆掌

重心移向右腿，上体右转（胸向西南）；随之，左掌向右绕摆至西南方位，掌心斜向上，指尖同鼻高；右掌随转体弧形绕于右腰侧，掌心向下；眼视左掌。

5. 转体握拳

重心移向左腿，两腿屈膝，上体左转（胸向偏东南）；同时左掌变拳屈臂拉至左额旁，拳心旋向外，左肘低于拳；右掌变拳，拳面抵于腰间。以腰左转使右肩臂向前，及左肩背向后，同时有靠劲。上体稍左倾，下颌内收，右眉上提；眼右斜上视。

要 领

- "背折靠"选自陈式太极拳中典型动作，其特点是两手握拳，屈臂内旋，加之于腰的旋劲，使周身产生内气（劲）潜转，对于在狭窄空间身穿宇航服的航天员，左右锻炼效果最佳。

第10式 四正手

1. 跟步抱球

右脚外辗,重心移至右腿并屈膝,左脚跟进右脚左后侧,全脚落地;身体右转(胸向西南方),两掌弧形绕至胸前,右掌在上,左掌在下,呈抱球状;眼视右掌。

2. 收脚滚抱

重心移至左腿并屈膝,右脚收至左脚内侧,脚尖点地;上体微左转,两掌抱球按顺时针方向滚抱在胸前,左手在上,右手在下,两掌心仍相对;眼视左掌。

3. 上步合掌

右脚侧前（西）上步，脚跟着地，两掌在胸前上下相合；眼视左掌。

4. 弓步掤臂

重心移至右腿，右脚踏实成右弓步；上体右转（胸向西）；左手附于右腕一起向前上掤出，两臂微屈，右掌心斜向内，指尖同鼻高；眼视右掌。

3　　　　　　　　　　　　　　　　　　4

巡天太极

5. 旋臂展掌

上体微右转,右臂内旋向右前伸展,右掌心翻向斜下,指尖与眉高;左掌离开右手腕至右肘内下方,掌心翻向斜上;眼视右掌方向。

6. 坐步左捋

重心移至左腿成左坐步；上体左转，同时，两掌向下向左弧形绕捋至腹前，右掌在前，掌心翻向左，左掌在右肘左侧，掌心翻向右，两掌指尖均向前；眼视右掌。

7. 转体合掌

上体微右转（胸向西），右臂屈肘，前臂横于胸前，右掌心翻向内，左掌附于右腕内侧；眼视前方。

8. 弓步前挤

重心移至右腿成右弓步，两手向前平挤，力点在右掌腕外侧，左手助力；两臂要撑圆；眼视前方。

9. 旋臂展掌

两掌臂内旋向前分展，掌心均向下，掌指向前，两掌横向相距同肩宽，两臂微屈；眼视两掌。

10. 坐步收掌

重心移向左腿并屈膝成坐步；两臂屈肘，两掌收于胸前，掌心斜向下；眼视前方。

11. 两掌按落

接上一个动作不停，两掌向下按落于腹前，掌心均斜向下；两肘屈落于腰侧，不得后撤，身体右下沉劲；眼视前方。

12. 弓步按掌

重心移向右腿成右弓步；同时，两掌弧形外绕向前（西）推出，掌心斜相对，两掌横向相距同肩宽，掌指斜向上，指尖同鼻高；沉肩坠肘，肘尖稍外展；眼视两掌。

要 领

- 同前"四正手"，唯动作左右方向相反。

第11式 绕环掌

1. 摆脚抱球

上体稍右转,重心微后坐,右脚外摆;同时,左掌内旋绕至胸前,掌心向下,右掌外旋弧形下落至腹前,掌心向上,两掌心相对如抱球状;眼视左掌。

2. 收脚滚抱

上体继续微右转,重心移至右腿并屈膝,左脚收至右脚内侧,脚尖点地;随之两掌臂抱球向左按逆时针方向滚绕,左掌绕至腹前,右掌绕至胸前;眼视右掌。

3. 上步举掌

上体左转，左脚向前（西）上步，脚跟着地，重心在右腿并屈膝；同时，左掌向前（西）上托举，手心斜向上，指尖斜向前与鼻同高，右手附于左腕上，两臂微屈；眼视左掌。

4. 弓步掤臂

左脚尖落地踏实，重心前移成左弓步；同时，左前臂斜横于胸前；右手附于左腕内侧向前上掤劲。左掌指尖高不过眉；眼视左掌。

5. 旋臂翻掌

左臂内旋,掌心翻向下;右臂外旋,右掌心翻向上,附于左腕下;眼视左掌。

6. 坐步左捋掌

重心移至右腿并屈膝成坐步,左脚尖上翘;上体微左转,左臂屈肘,左掌向下弧形捋至左腰前,右手仍附于左腕下方;眼视左掌。

7. 弓步举（挤）臂

上体右转；随之左掌外旋，向右绕经腹前至右腹前，掌心翻向上；右掌内旋，掌心翻向下，仍附于左腕上；接着重心前移成左弓步，上体微左转，两手向前、向上、向左弧形绕举（挤）于胸前；眼视左掌。

7a 7b

8. 坐步旋掌

重心移向右腿并屈膝成坐步,左臂伸展,接着屈肘内旋,左掌屈腕,掌心向上旋绕至左肩前;右手外旋附于左腕前;眼视左掌。

8a

8b

9. 跟步按掌

上体微右转,同时左掌向右立掌于胸前;接着,上体微左转,重心移至左腿并屈膝,左脚踏实,右脚跟进落至左脚后内侧,脚尖着地;随之左掌向前(西)按出,指尖向上,同鼻高,掌心斜向前(西北)右手仍附于左腕下侧;眼视左掌。

9a

9b

要 领

- 同前"绕环掌",唯动作左右方向相反。

第12式 起承开合

1. 退步伸掌

重心移至右腿,左脚向后退步,前脚掌着地;同时两掌臂伸举至胸前,横向相距同肩宽;眼视两掌。

2. 收脚落掌

重心移向左腿,左脚踏实并屈膝;右脚收至左脚右前方,脚尖着地;同时,两掌心相对弧形落至小腹前,掌指斜向下;眼斜下视。

1

2

3. 上步起掌

右脚向前（西）上步，脚跟着地；同时，两臂屈肘，两掌均向上立起，掌心斜相对；左掌于左腹前，右掌略高于右胸前，指尖与颏同高；眼视前方。

4. 弓步按掌

重心前移至右腿，右脚踏实成右弓步；同时，两掌内旋向前按出，两掌心向前，左掌在左胸前，右掌在右胸前略高，指尖同鼻高，两臂微屈；眼视右掌方向。

5. 跟步开合掌

重心移至右腿并屈膝，左脚跟进落于右脚跟内后侧，脚尖着地；两掌分别向下、向侧、向上弧形绕至胸前相合，虎口相对，掌心斜向前，指尖斜向上与额同高；两肘稍外展；两掌距胸约 30 厘米；眼视前方。

要　领

- 同前"起承开合"，唯动作左右方向相反。

第13式 野马分鬃

1. 转体抱球

左脚踏实,重心移至左腿,上体微左转;左掌外旋,向左下弧形绕于腹前,掌心向上;右掌向左绕于胸前,掌心向下与左掌心相对;眼视右掌。

2. 收脚滚抱

上体微右转(胸向西南),右脚微收于左脚内侧,脚尖点地;两手抱球按顺时针方向滚动仍抱球于胸前,右手在下,左手在上,眼视左掌。

1

2

3. 上步合手

上体微右转，右脚向右（西）上步，脚跟着地，两掌上下相合，眼视两掌方向。

4. 弓步分掌

重心移至右腿成右弓步，右手向右前上绕举，掌心斜向上，右腕同肩平；左掌向下、向后绕落至左胯侧，掌心向下，指尖向前，臂微屈；眼视右掌方向。

要　领

- 同前"野马分鬃"，唯动作左右方向相反。

第14式　云手

1. 转体掤臂

重心左移，上体左转，左臂屈肘，前臂外旋，左掌向左向上绕掤于右肩前，掌心向内；右掌内旋下落于右腰侧，掌心向下；眼视左手。

2. 并步左云手

身体升起，右脚收于左脚右侧，重心偏右左腿；上体左转（胸向东南），左掌向上向左经面前，边内旋边向左绕云，掌心向外，举至左肩左前侧；右掌边外旋边向下向左弧形绕于左腋前下，掌心斜向上；眼视左掌。

3. 转体掤臂

重心移向右腿，上体微右转，右臂微屈，右掌向上向右绕至左肩前，掌心向内；左掌下落于上体左侧，手心向下；眼视右掌。

4. 开步右云手

左脚向左开步，上体右转；随之，右掌向上、向右经面前，边内旋边向右绕云，掌心翻向外，举至右肩右前侧；左掌边外旋边向下向右、向上弧形绕于右腋前下，掌心向上；眼视右掌。

5. 转体掤臂

重心左移，上体微左转，左掌向上向左绕至右肩前，掌心向内右掌下落于上体右侧，掌心向下；眼视左掌。

6. 转体左云手

右脚内扣,上体左转;随之,左掌向上向左经面前,边内旋边向左绕云,掌心翻向外举至左肩左前侧;右掌边外旋边向下、向左上弧形绕于左腹前,掌心向上;眼视左掌。

> **要 领**
>
> ● 同前"云手",唯动作左右方向相反。

6

第 15 式　活步开合掌

1. 收脚下捋

重心后移至右腿并屈膝；左脚收于右脚内前侧，脚尖点地；同时，两掌弧形向下后捋至小腹前；左掌在前，掌心向下，右掌在左肘内下方，掌心向上，眼视左掌。

2. 上步托掌

左脚向前（东）上步，脚跟着地；左臂外旋屈肘，左掌心向上托起至颏前；右掌内旋，掌心向下，附于左腕上；眼视左掌。

3. 跟步穿掌

重心移至左腿并屈膝，左脚踏实，右脚跟步于左脚跟右后方，脚尖点地；同时，近身左掌指尖向前穿出，掌心向上，臂微屈；右掌仍附于左腕上；眼视左掌。

4. 退步挂掌

右脚向后退步，重心移至右腿并屈膝，左脚尖上翘；上体微左转；左臂屈肘微内旋腕，掌心斜向上，以拇指根为力点向左后挂带，至左肩前，右手仍附于左腕上；眼视左掌。

5. 跟步按掌

重心移至左腿并屈膝,左脚踏实,右脚跟步至左脚右后侧,脚尖点地,上体微左转(胸向东);左掌内旋立掌向前(东)推按,手指尖同鼻高,掌心斜向前;右手内旋,指尖附于左拇指根下,掌心斜向前并有按劲;眼视左掌。

6. 转体开合手

右脚前脚掌向右辗转,使脚尖向南,上体微右转,两手在胸前成左右合掌式;眼视两掌间。

7. 转身开手

身体右转（胸向南），重心移向右腿，左脚内扣，两脚尖均同向前（南），横距同肩宽；两掌分别向左右拉开，掌心相对于胸前，相距同肩宽，掌指尖向上；两肘尖低于手和肩，左右相称；眼视前方。

8. 左移合手

重心移向左腿并屈膝，两掌心相对在胸前合手，相距同脸宽；两肘斜外展，左右对称；眼视两掌尖。

要　领

- 同前"活步开合掌"，唯动作左右方向相反。

第 16 式　背折靠

1. 开步举掌

右脚向右开步，重心移至左腿并屈膝，上体微左转；左臂向左展出侧举，掌心斜向上；右掌向左、向下弧形落于左腰前，掌心向下；眼视左掌。

2. 转体摆掌

重心移向右腿并屈膝，上体右转（胸向西南）；随之，左掌向右绕摆至胸前，掌心斜向上；右掌随转体弧形绕于右腰侧，掌心向下；眼视左掌。

3. 旋臂右举掌

上体微左转,重心微左移;随之,右臂外旋,举右掌,掌心斜向上;左臂内旋,掌心翻向下落于右腰前;眼视右手。

4. 转体摆掌

重心移向左腿并屈膝，上体左转（胸向东南）；随之，右掌向左绕摆至胸前（东南），掌心斜向上；左掌随转体弧形绕于左腰侧，掌心向下；眼视右掌。

5

5. 转体握拳

重心移向右腿并屈膝，上体右转（胸向西南）；同时右掌变拳屈臂拉至右额旁，拳心旋向外，右肘低于拳；左掌变拳，拳面抵于腰间。以腰右转使左肩臂向前，右肩背向后，同时有靠劲。上体右倾，下颌内收，左眉上提；眼左斜上视。

要 领

- 同前"背折靠"，唯动作左右方向相反。

第17式 怀抱日月

收脚抱拳

右脚收于左脚内侧，相距同肩宽，重心移向两脚中点，两腿屈膝；右掌变拳向下落至左掌上；眼视前方。

要　领

- 同"起式"。

第18式 收势

1. 起身托掌

身体徐徐上升，两掌心向上，向前向上托起，与肩同高；眼视前方。

2. 起身落掌

上动不停，身体还在继续上升，两掌边内旋边下落，经过掌心相对，再落至胯前，掌心向下，指尖向前；眼视前方（南）。

2a

2b

3. 并步直立

左脚收向右脚,两脚成并步,身体直立;两手指并拢,指尖向下,触大腿外侧;两肘微外展;眼视前方。

3a　　　3b

要　领

- 收势动作要注意"起身落掌",即身体逐渐上升,而两掌臂在不停地做上升和下降连续动作。显得人在天地之间,两手借阴阳二气,有顶天立地之感。
- 并步站立时,要肩臂松垂、虚腋,避免直臂、端肩、挟腋。

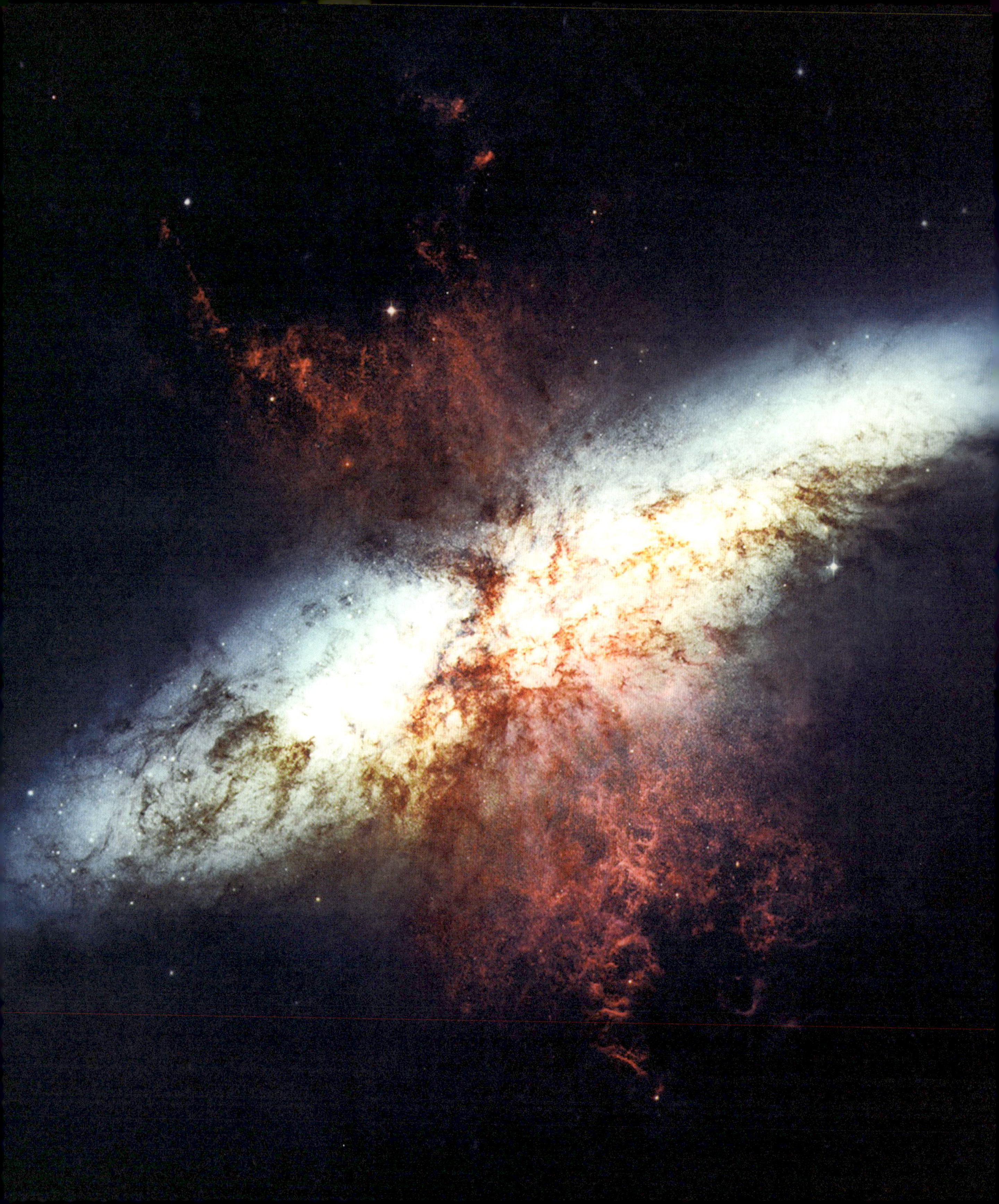

人篇

勤练巡天太极，可以治愈身心

航天环境对人体的影响

人从远古以来都是在地球 1G 重力环境下进化和生活的，一旦进入到太空失重的环境中，人的生理系统将会主要发生以下几个方面的变化。

航天环境对人体生理方面的影响

1. 对循环系统的影响

失重时，人体的流体静压丧失，血液和其他体液不像重力条件下那样惯常地流向下身，相反，下身的血液回流到胸腔、头部，航天员面部浮肿，头胀，颈部静脉曲张，身体质量中心上移。人体的感受器感到体液增加，机体通过体液调节系统减少体液，出现反射性多尿，导致水盐从尿中排出，血容量减少；出现心血管功能降低证候，如心输出量减少、立位耐力

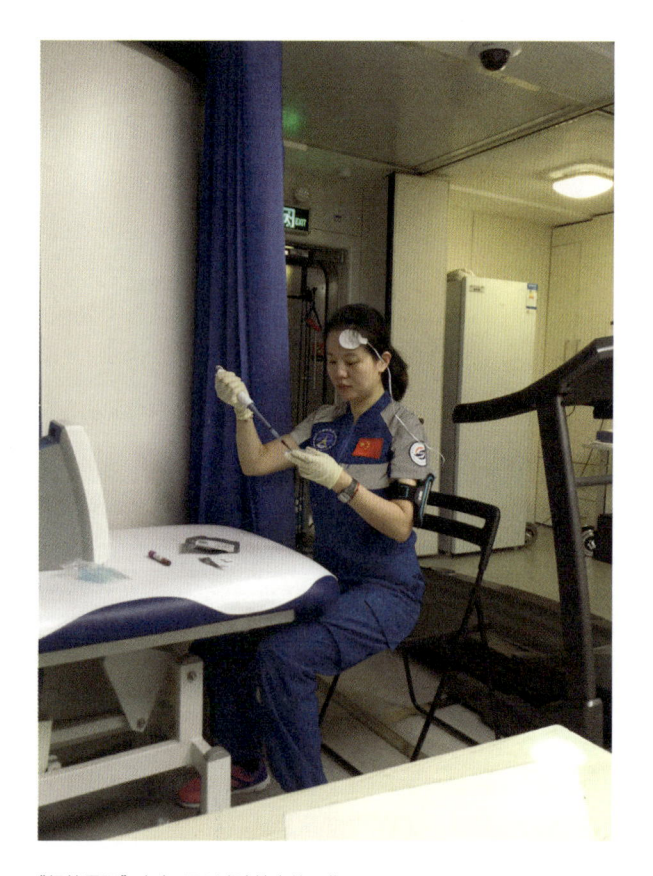

"绿航星际"太空 180 试验舱内的工作

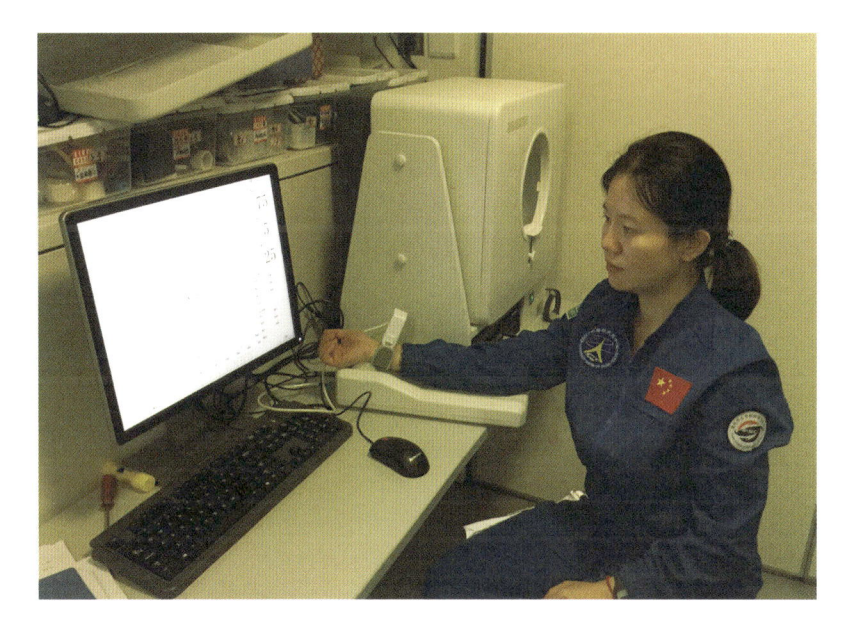

"绿航星际"太空 180 试验舱内的工作

降低、运动耐力下降等，返回地面后对重力不适应容易出现心慌气短及体位性晕厥等表现。

随着航天飞行时间的延长，人体会进行一系列生理功能的调节适应。由于个体的差异，有人适应快，有人适应慢，有人适应得好，有人适应得不好，为使循环系统尽可能快的在新的水平上达到新的平衡，心率、血压、运动耐力、血容量、血红细胞、血红蛋白量都会发生与地球上不一样的变化。

2. 对前庭功能的影响

前庭器官是感受空间位置、维持平衡和调节运动的感觉器官。航天员在太空中处于失重状态下，耳石受到的刺激发生改变，引起一系列前庭反应、前庭躯体反应和前庭自主神经反应。刚进入太空，即刻出现的有漂浮感、下落感、头倒位错觉、倾斜错觉等，比较严重的话会出现空间运动病。在太空环境中前庭器官功能的变化还表现为其敏感性降低、姿态调整和平衡能力下降。

3. 对神经系统的影响

在失重状态下，神经系统运动、感觉和高级功能都有所下降。各种的感觉功能，尤其是感受重力刺激和参与空间定向的感觉功能发生改变，视觉系统的各种功能下降程度在 5%~30%，较复杂的视觉功能在失重初期会明显下降。失重时，航天员的工作效率也受到不同程度的影响，人的记忆能力和注意能力有明显的下降。根据俄罗斯航天员报告，在飞行的前半个月，出现紧张、有效记忆减退、以往地面上已掌握的知识清晰度下降的现象。人的睡眠也会受到明显的影响，表现为睡眠困难，睡眠时间少，产生该变化的原因更可能是太空环境和人体的生物钟不吻合。

4. 对肌肉系统的影响

失重时作用于运动器官的重力负荷消失，人在维持姿势和进行运动时不需要对抗重力的作用，长时间的作用将引起肌肉系统的失用性变化。短期飞行后，这些变化是可逆的，对航天员健康的影响不大，长期飞行需要采取有效的防护措施。

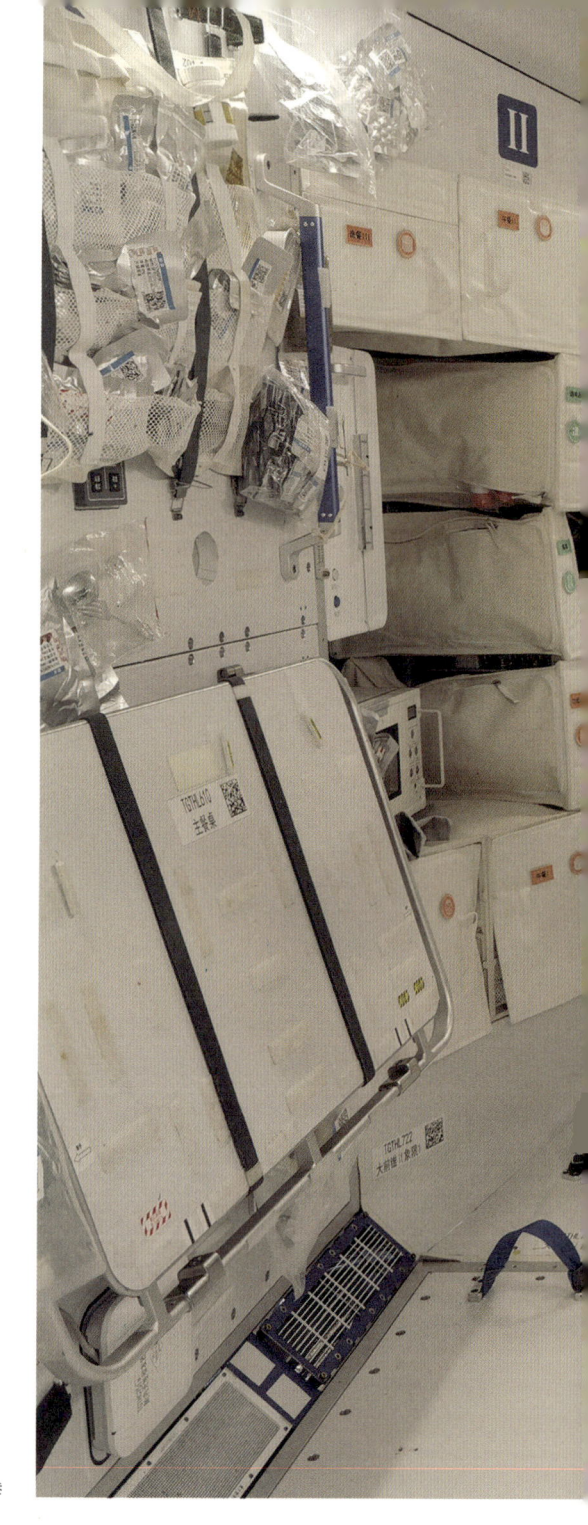

航天员王亚平在太空打巡天太极拳

航天环境对人体的影响

"绿航星际"太空180试验舱内的工作

航天失重数日即可引起肌肉萎缩性变化。失重可引起肌肉质量和体积皆明显减小，同时出现肌肉力量降低、易疲劳的情况，首先影响伸肌发生萎缩。和平号空间站的观察表明，6个月失重后航天员屈肌的萎缩程度才与伸肌的萎缩接近。航天飞行后很容易发生肌肉损伤，因为在1G重力下进行离心收缩时的负荷，对于已萎缩的肌肉已嫌过高。另外，肌纤维连接蛋白的选择性丢失也可使收缩时肌纤维膜易受损伤。

肌肉出现萎缩，自然影响到其功能，哪怕是短时间的飞行，如7～10天的飞行也会引起肌肉力量的下降。腿部肌肉力量的下降更为明显。航天飞行后肌肉活动时，反应速度减慢，容易发生疲劳，并且协调性变差，尤其在失重飞行的前几天，做一件事所花费的时间要比地面上完成同样工作所需时间明显增加，而且不准确，往往是用力过度，苏联研究了两名"联盟"9号航天员飞行后垂直姿势的协调性，证实了失重可以引起肌肉协调性下降。在航天中，约有2/3的航天员诉说背痛，休息时背痛更明显，严重时会影响睡眠。航天员返回地面后常常诉说全身无力、容易疲劳，站立、行走都很困难，有时还出现肌肉疼痛。苏联研究了航天员返回后姿势的稳定性，结果表明航天员维持姿势的协调性和稳定性都变差了。

引起失重肌萎缩的原因主要有以下4个方面。

一是肌肉活动减少。失重时地心引力消失，人的活动变得简单易行，在飞行座舱内，人从一处向另一处活动，只要轻轻推一下舱壁，即可完成。同时，也不需要抗重力肌作用以维持一定姿势，长时间的肌肉"废用"是造成肌肉萎缩的最主要起因。

二是重力刺激引起的传入减少。失重时肌肉本体感受器传入冲动减少，其他感受器的传入冲动也发生改变，分析器间的相互作用必须重新调整，它也是引起肌肉萎缩和运动协调能力下降的原因之一。

三是血循环系统紊乱。失重和模拟失重实验证明运动减退对血管系统影响最大的是那些平时活动最多的肌肉——骨骼肌和心肌，这些肌肉内的血管数、血管结构和形态都有明显的改变。因此，有学者认为失重时肌肉供血状态的变化也是引起肌肉萎缩的原因之一。

四是激素调节的改变。失重情况下，一些激素可能发生变化，如甲状腺激素、糖皮质激素、生长激素等。这些激素的改变将引起肌肉代谢过程的紊乱和破坏，也可能是引起肌萎缩的原因之一。

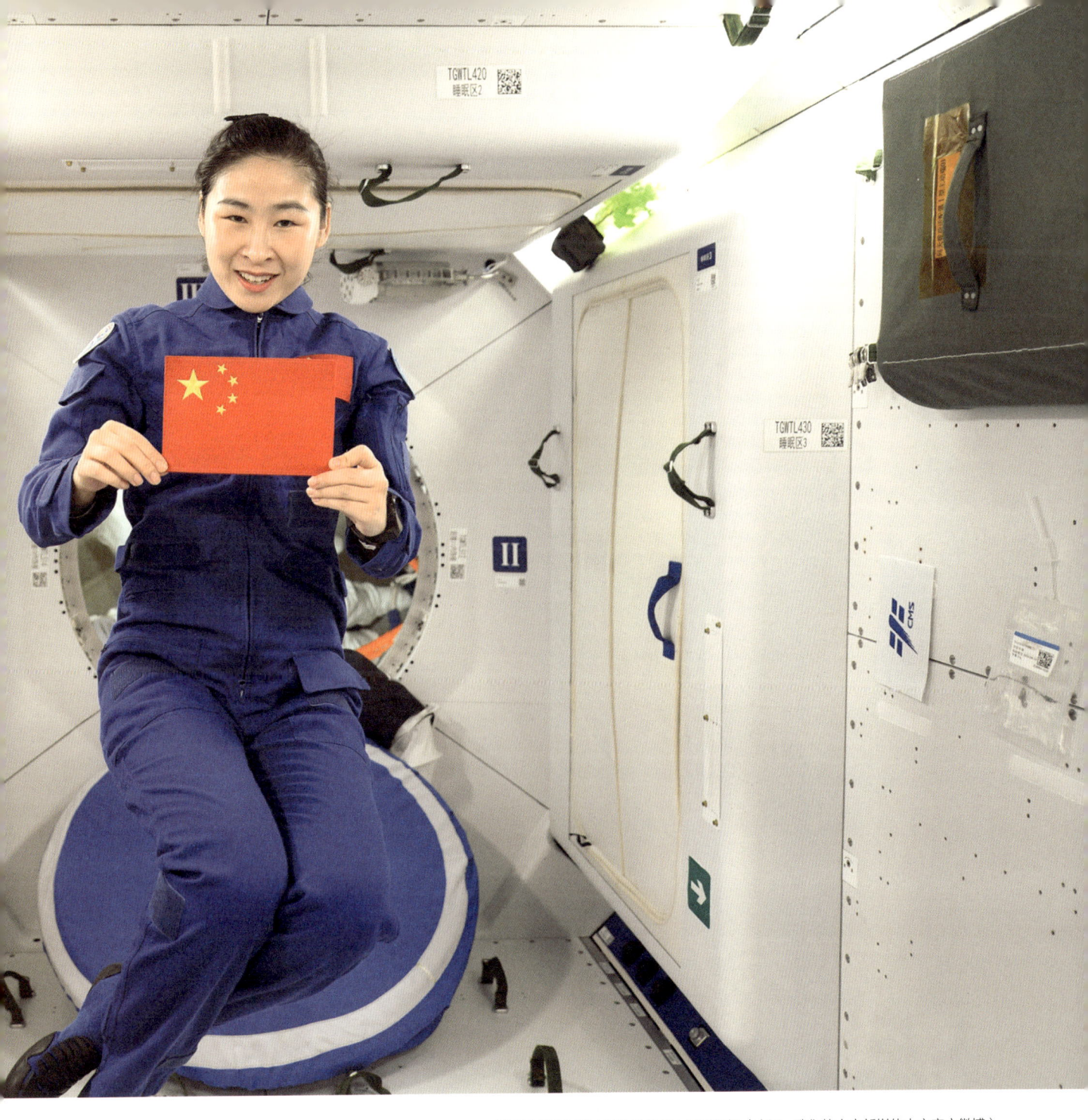

航天员刘洋在核心舱内为祖国人民送祝福（来源：我们的太空新媒体中心官方微博）

"巡天太极"
天和手持摄像机 a

央视《开学第一课》(来源:我们的太空新媒体中心官方微博)

巡天太极

5. 对骨骼系统的影响

从 20 世纪 70 年代开始，苏联在"宇宙"号生物卫星和地面模拟失重实验中对骨的重力生理进行了系统的研究。之后，美国和苏联进行了进一步的研究，采用各种新技术观察航天员飞行前后骨密度和飞行中矿物质代谢的改变，结果表明失重对骨骼系统的影响主要是引起骨质疏松。结果如下：第一，承重骨骨密度下降，骨质疏松出现；第二，骨矿盐含量下降，出现钙的负平衡；第三，骨生长减慢，骨转换发生改变；第四，失重引起的骨质疏松恢复时间长。

人体失重后，作用于腿骨、脊椎骨等承重骨的压力骤减，同时肌肉运动减少，对骨骼的刺激也相应减弱，骨骼血液供应减少。在这种情况下，成骨细胞功能减弱，破骨细胞功能增强，使得骨质大量脱钙并经肾脏排出体外。骨钙的丧失随着飞行时间的延长而持续进行，骨质疏松一旦形成，使骨的脆性增加，机械负荷能力下降，如果没有有效的防护措施，航天员在长期飞行后有可能发生自发性骨折，而且，这种状态可能提前发生，回到地面重力环境下也难以逆转，目前这也成为航天医学需要解决的难点问题之一。

航天环境对人的心理影响

长期处于太空极端环境会对人的心理产生负面影响,严重时可导致人心理认知障碍、行为失调、工作效能降低、并影响飞行任务的圆满完成。俄罗斯航天员波利亚科夫曾创造了连续飞行437天17小时58分17秒的纪录。长期的密闭、狭小、隔离及飞行中更大的不确定性,向航天员提出了巨大的心理挑战,在与地面环境完全不同的太空环境的冲击下,很容易出现适应不良甚至形成严重心理障碍。

综合相关文献资料发现,空间站长期驻留对航天员心理的影响主要表现为以下3个方面。

第一,焦虑、抑郁或心理疲劳等问题。其中一般性的紧张或心理疲劳,航天心理学上统称为无力。无力在早期阶段表现为过敏症、易激怒、活动减少、心律不齐等,有时这些症状之后会出现身心疾病和睡眠障碍。观察发现,无力往往发生在任务后期,因为此时乘员的适应能力被过度消耗掉。有报道称,国际空间站上的航天员,每天需要对抗的主要心理问题有幽闭恐惧、思乡等。

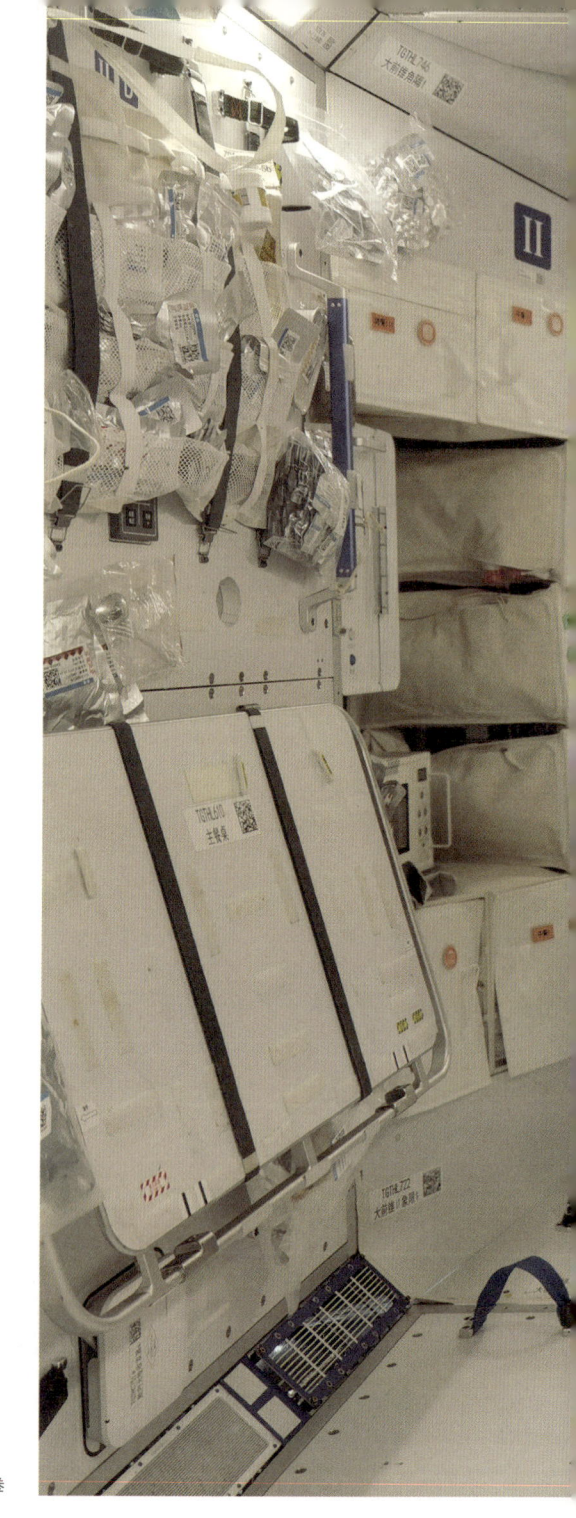

航天员王亚平在太空打巡天太极拳

航天环境对人体的影响

巡天太极

第二，人际关系的问题。实质上，人际关系紧张有可能是上述适应不良问题的连锁反应。一方面是乘组内部的人际关系问题，苏联/俄罗斯自1971年第一个空间站"礼炮"1号以来，几次任务均有人际关系问题的报道，如沉默、冷漠等；苏联/俄罗斯的集体主义教育使航天员会为了整个任务而压抑对彼此的敌意；还有不同文化背景引起的关系紧张，如"社会性孤独"，"联盟"-7任务中来自法国的航天员报告说"不自在"等。另一方面，飞行乘组与任务控制人员之间的关系问题，如乘组在工作负荷方面以及乘组活动规范方面与地面控制人员存在分歧、有时乘员会不自觉地将自身的问题及相互之间的紧张关系和愤怒情绪转移到地面控制人员身上而出现对立，在"NASA-Mir"（1995年3月—1998年6月）的任务中，几起事件均导致乘员之间以及乘组与任务控制人员之间的关系紧张。天空实验室4号中的航天员公然反叛任务控制人员的事件就是一个绝好的例子，天宫实验室4号的航天员在尚未适应所有的太空任务之前，任务控制人员就传递给他们与前任航天员们同样繁重的工作时间表，而他们对工作负荷太重的抱怨并未引起地面控制人员的足够注意，航天员们为了休息而宣布罢工1天，并且关掉了无线电通信，这次反叛使得急需的工作负荷不得不调整。

航天员王亚平在太空打巡天太极拳

人篇

航天环境对人体的影响

第三，精神病性问题。精神病问题的具体表现为严重焦虑等适应障碍、紧张性头痛等躯体障碍及衰弱症等。执行过长期飞行任务的美国航天员曾出现不明原因的焦虑、绝望、精神难以集中、失眠、头痛、身体疼痛等。

在空间环境中，因为隔离引起的心理应激问题和长时间失重引起的生理应激相伴而生，这些问题远远超过了敌意和焦虑，并且问题还会随着航天飞行时间的延长逐渐放大，甚至其效应会更具破坏性。由于未来星际长期飞行任务所具有的技术状态和危险特点，航天员操作中微小的失误都可能给任务带来致命的影响。

目前，在国际空间站任务中的心理支持方式主要有两大类：一类是社会性支持，主要通过与家人通话、通信、搜集新闻报道等方式进行，另一类是专业性的心理支持。在国际空间站上，美、俄提供的专业心理支持措施重点是预防心理障碍和社会心理问题的出现，也包括相关的干预措施。专业的心理支持一般由地面的心理专家进行提供，对航天员的心理情况进行测评，然后针对性地进行心理社会的正反馈，并且还对太空舱内进行心理适居性的设计，提供舒适的环境，缓解心理压力。

我国目前已经有效果不错的心理支持措施，并且对空间站任务中航天员的心理支持提出了设想：我国的心理支持计划需针对空间站任务的特点，结合我国航天员共同的心理特征，在借鉴国外经验的基础上，挖掘我国社会和文化里的有益资源，建立有中国特色的、有效的空间站任务航天员心理支持体系。

神舟九号任务期间航天员刘洋在太空打巡天太极拳（来源：中国航天员科研训练中心）

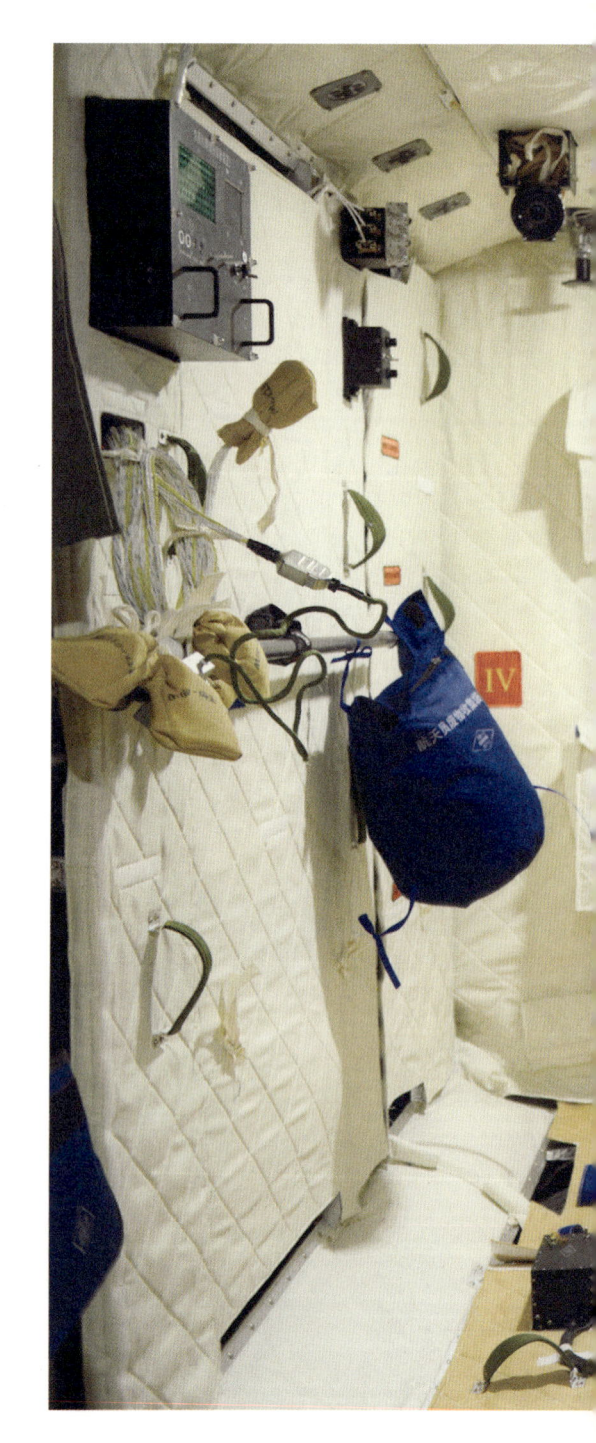

巡天太极

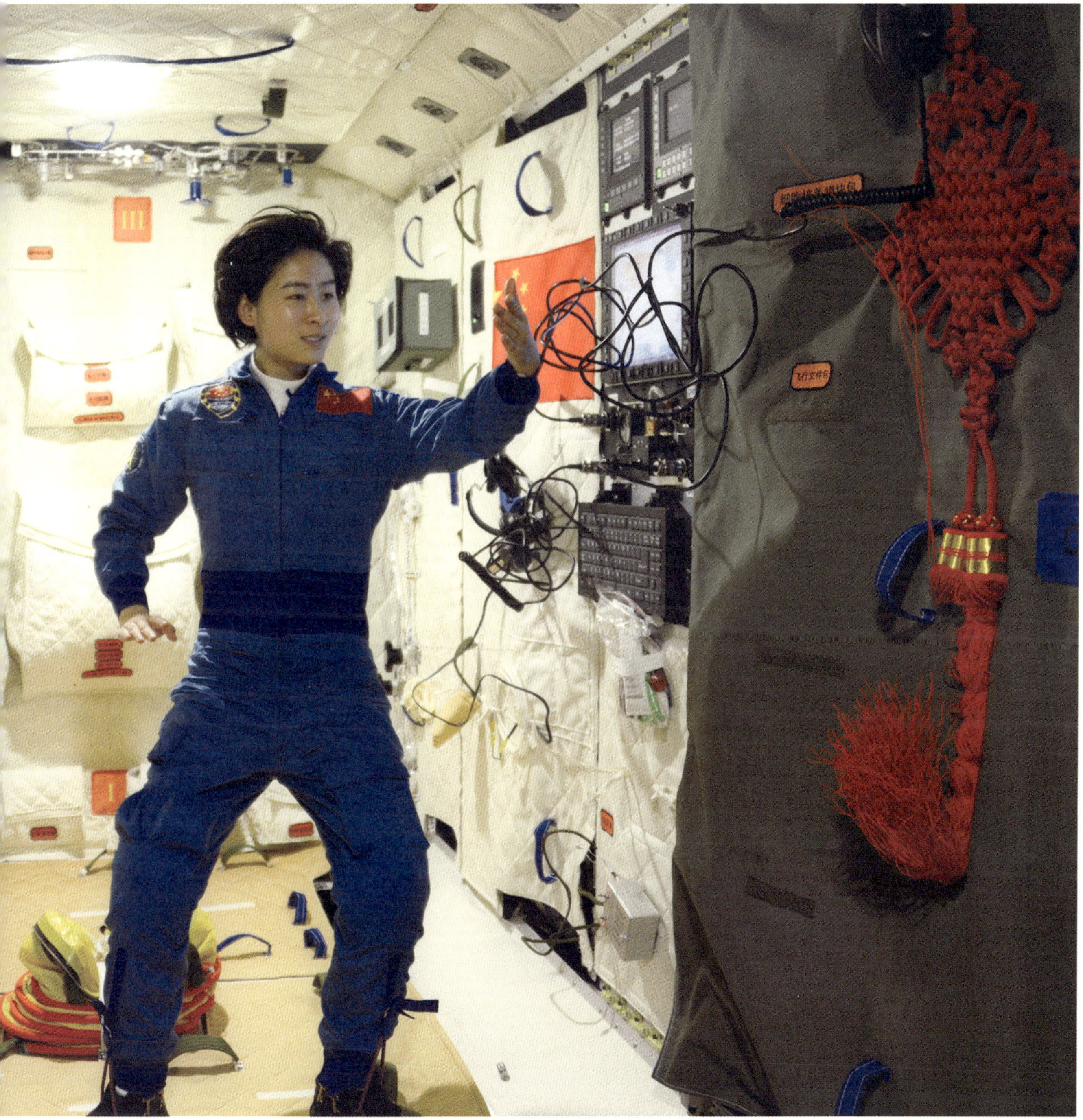

历次神舟任务中的巡天太极拳实践

除了太空跑台、太空自行车等"常规"运动，航天员们在太空中还解锁了许多"花式运动"，如太极拳。其实，太极拳已经多次登上"太空舞台"，从神舟九号到神舟十三号，都有太空打太极拳的"名场面"。

神舟九号任务期间巡天太极拳实践

2012 年 6 月 16 日，神舟九号载人航天飞船发射升空，执行本次任务的乘组由航天员景海鹏、刘旺和女航天员刘洋组成，这是中国实施的首次载人空间交会对接。2012 年 6 月 26 日，刘洋做完准备活动之后，凝神静气，熟练地打了一套太极拳。

26 日晚上，是刘洋在天宫一号值守的第二个大夜班，在忙完了工作之后，她利用值夜班的间隙，展示了一段中国功夫。在忙完飞行器的照料、管理与地面通话结束后，刘洋固定好自己的双脚，简单的热身，然后凝神静气，开始了锻炼。这是一套太极拳，太

神舟九号任务期间航天员刘洋在太空打巡天太极拳（来源：中国航天员科研训练中心）

极讲究身、形、意，强调阴阳平衡，刘洋柔和自然的动作在太空失重环境下，更有行云流水、天人合一的感觉。这套拳法不是刘洋自创的，而是航天员体质训练教员专门为这次任务设计的，这套动作对身体的平衡、姿态控制和心理调节非常有益，同时还可以锻炼身体各部位的肌肉。

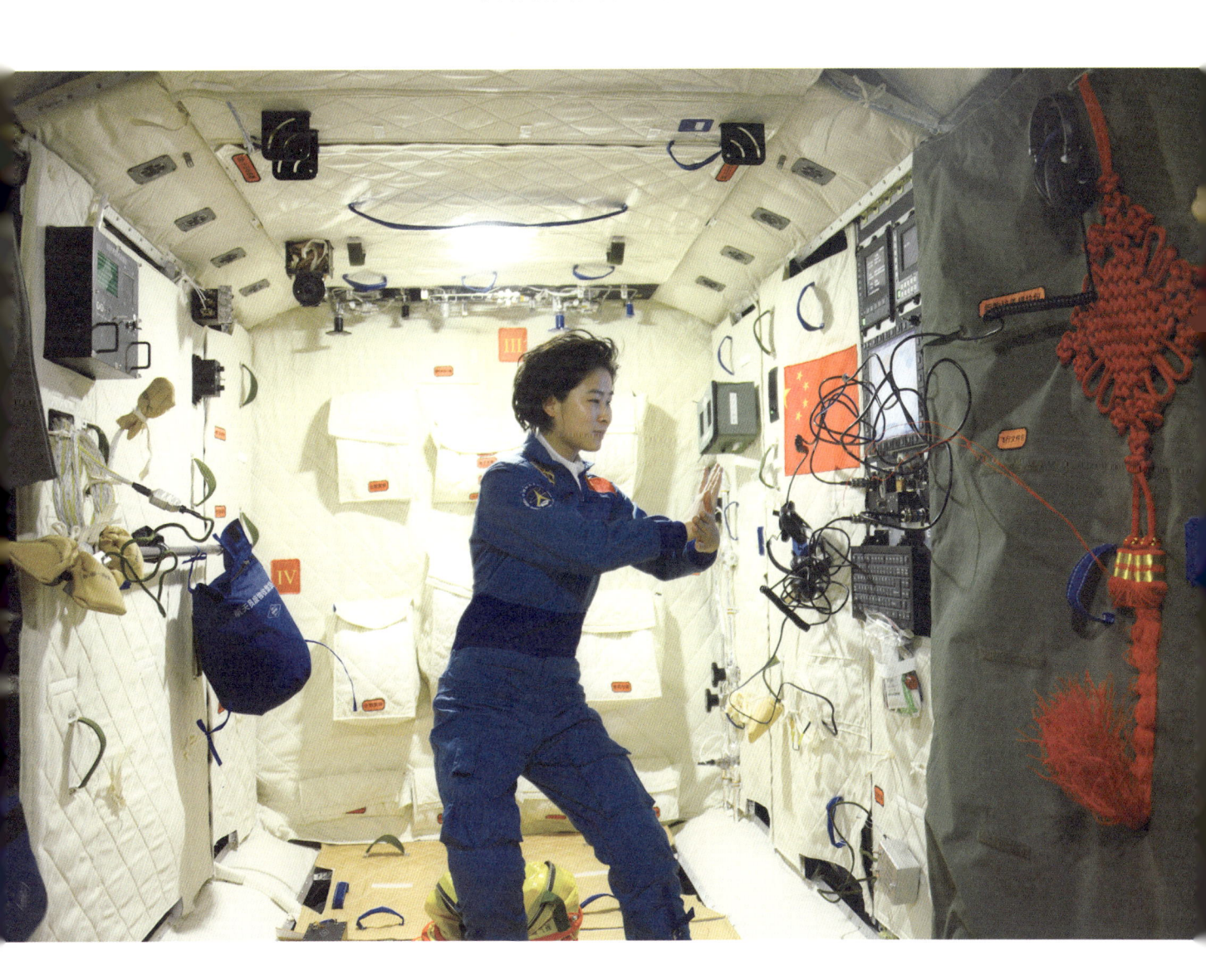

巡天太极

航天员刘洋在太空打巡天太极拳
（来源 中国航天员科研训练中心）

神舟十号任务期间巡天太极拳实践

2013 年 6 月 11 日，神舟十号飞船发射升空，飞行乘组由航天员聂海胜、张晓光和王亚平组成。2013 年 6 月 20 日，3 名航天员在天宫集体练习太极拳，张晓光甚至利用特殊的太空条件，"倒立"打起了巡天太极。

我们看到漂浮看书，漂浮拍摄，倒立太极，神舟十号航天员除了繁忙的太空工作之外，也少不了体育锻炼和休闲活动，舱内的摄像机记录了他们在天宫一号里的精彩画面。打太极很常见，但是太空打太极是什么样子呢？3 个人一组，队形很整齐，一招一式，还有板有眼。只是这样，航天员们好像还不过瘾，3 人又换了个位置，被另外 2 名航天员视作团队"开心果"的张晓光，到了太空也不失幽默本色，竟然倒立在天宫一号里打太极。这样的立体队形也只能在太空才能完成了。

神舟十号任务期间，张晓光（左）和王亚平（右）在太空打巡天太极拳
（来源：中国航天员科研训练中心）

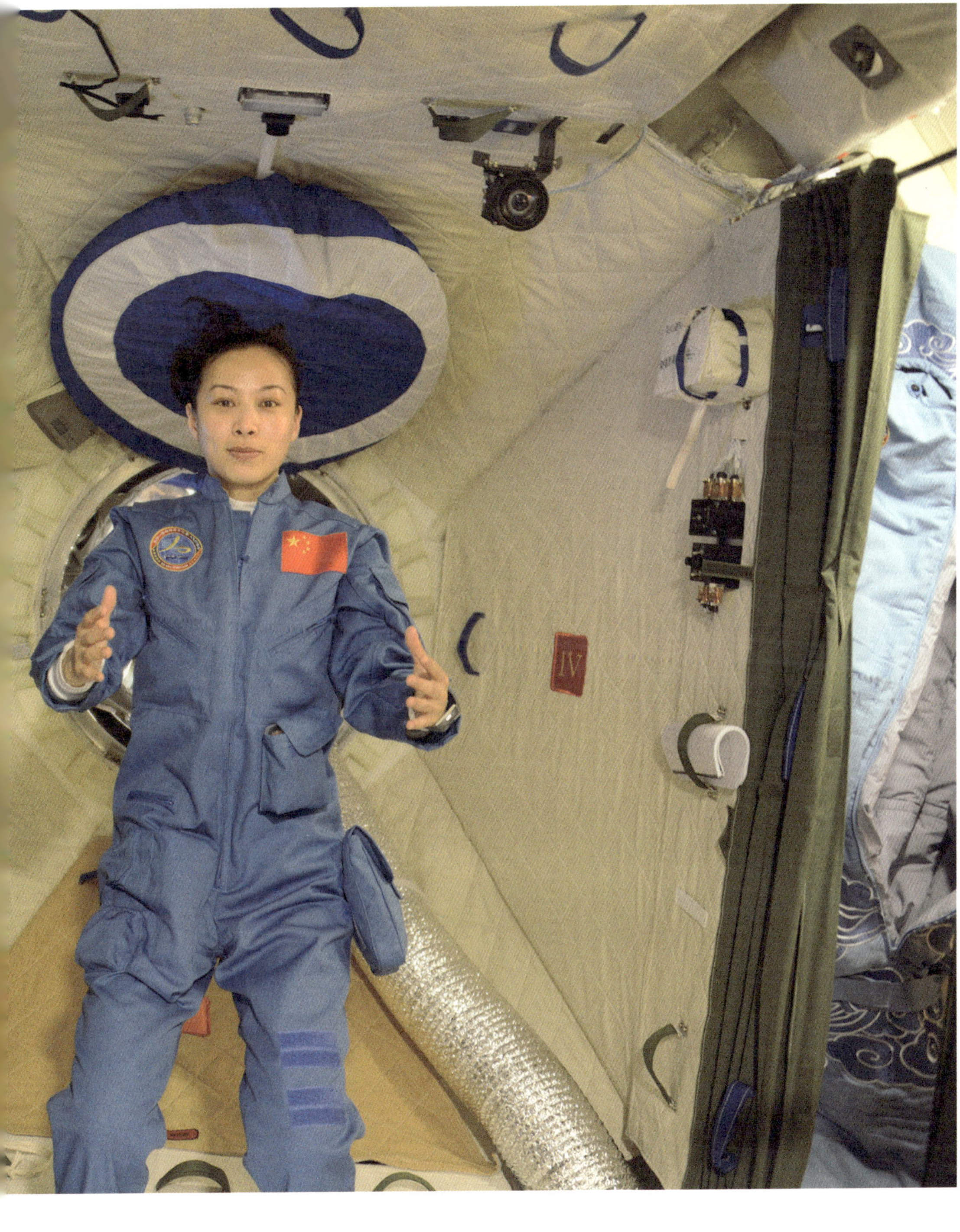

航天员张晓光在太空打巡天太极拳（来源：中国航天员科研训练中心）

神舟十一号任务期间巡天太极拳实践

2016年,我国针对"深空探测、星际驻留"的远景规划,在地面组织了一次由我国主导、多国参与的大型科学试验任务,即"绿航星际"4人180天受控生态生保系统集成试验。该试验是国际上同类试验中时间最长、进舱人数最多、系统复杂性最高的试验。巡天太极作为唯一一项干预手段参与其中。实验项目"太极拳锻炼对长期密闭环境中人的情绪调控能力影响的研究"主要从生理、心理和脑电3个方面的指标探讨巡天太极拳对地面模拟太空舱中的4名乘员180天的情绪状态影响。

2016年10月17日,神舟十一号载人飞船任务发射,这次任务是为中国建造载人空间站做准备,执行任务的乘组是由航天员景海鹏和陈冬组成,任务总飞行时间长达33天。

CCTV-7新闻报道说:"航天员景海鹏和陈冬在天宫生活了30多天,完成了所有的实验任务,今天返回了神舟十一号飞船,在返回之前,他们两人在天宫又完成了一项特殊任务,那就是天地同步展示中国功夫——巡天太极。航天员景海鹏和陈冬凝神聚气打起了太极,动作柔和平稳,招式连贯自如,在太空失重环境下一招一式更有行云流水、天人合一的感觉,这套太极拳被称为巡天太极。与此同时，正在深圳参加'绿航星际'4人180天受控生态生保系统集成试验的志愿者在地面上同步展示巡天太极的整套动作。别小看这套功夫，它可是集中华太极之所长，分天、地两套拳，各18式打法（现天拳9式，两套拳共27式）。太极拳是一种包含东方包容理念的运动形式，强调阴阳平衡，讲究意、气、形、神的锻炼，非常符合人体心理和生理需求。"

神舟十一号航天员陈冬和"绿航星际"太空180试验舱乘员仝飞舟天地共打巡天太极拳（来源：央视网2016年11月17日CCTV-7新闻"巡天太极 中国功夫上太空"）

"绿航星际"太空180试验舱中乘员集体练习巡天太极拳（来源：央视网2016年11月17日CCTV-7新闻"巡天太极 中国功夫上太空"）

巡天太极　　　　　　　　　　178

仝飞舟教员接受 CCTV 记者采访（来源：央视网 2016 年 11 月 17 日 CCTV-7 新闻"巡天太极 中国功夫上太空"）

中国载人航天办公室副主任杨利伟谈失重环境对航天员身心的影响（来源：央视网 2016 年 11 月 17 日 CCTV-7 新闻"巡天太极 中国功夫上太空"）

神舟十二号任务期间巡天太极实践

2021 年，中国航天员首次把课堂搬上太空，天地共打巡天太极。

神舟十二号任务，是中国空间站组装建造过程中的第一次载人飞行任务，2021 年 6 月 17 日，聂海胜、刘伯明、汤洪波 3 名航天员成为空间站天和核心舱的首批"入住人员"，在轨驻留 3 个月，开展舱外维修维护、设备更换、科学应用载荷等一系列操作。

2021 年 9 月 1 日，在天地互动的 CCTV-1《开学第一课》栏目中，应主持人撒贝宁老师的邀请，指令长聂海胜老师应邀给大家展示了巡天太极，现场乃至电视机前的主持人、学生都跟着练习。"起势、旋转乾坤、云手……"天地互动，一招一式，非常灵动。

2021年9月4日，在神舟十二号任务当中，指令长、"健身达人"聂海胜，在天宫一号空间站为我们介绍了航天员在太空失重状态下进行的有效身体锻炼。

"下面我给大家介绍一下，我们两个主要的锻炼设备。第一个是我右手边的太空跑台。我们的太空跑台和地面的不太一样，地面的跑步机我们站上以后，把电源一接通，菜单一启动，就能跑步了。但是，我们在天上由于失重，必须把身体束缚在跑台上。太空的跑台处于悬浮状态，跟舱壁没有刚性的连接，主要就是防止它撞击舱壁。

第二个是太空自行车。通过肌肉锻炼，可以提高我们的肌肉力量、有氧耐力和心肺功能。大家看，太空自行车和地面的自行车不一样，因为是失重状态，没有自行车座，需要通过专门的自行车锁鞋骑到上面，依靠人体背部支撑垫支撑，进行锻炼。太空自行车不仅能锻炼下肢力量，也可以锻炼上肢力量，与地面手摇自行车相似。

经过这一系列的锻炼以后，我们还可以进行一些放松的动作，如打一些太极拳放松放松，也可以进行一些拉伸动作。通过系统的锻炼，可以有效防护失重对我们的影响，可将来我们还有更多先进的锻炼设备来到太空。"

神舟十二号指令长聂海胜应邀向观众展示巡天太极（来源：央视网《开学第一课》）

聂海胜示范航天员健身活动，包括太空跑台、太空自行车和巡天太极拳（来源：央视网2021年09月04日CCTV-13《新闻直播间》"仰望星空话天宫"）

神舟十三号任务期间巡天太极实践

　　2021年10月16日，神舟十三号载人飞船带着翟志刚、王亚平、叶光富三名航天员进入太空，与天和核心舱交会对接。三名航天员继续建设我们的太空家园，并在"天宫课堂"授课。神舟十三号载人飞行任务中，3名航天员在地面科技人员支持下，圆满完成了2次出舱活动、2次太空授课活动，开展了多项科学技术试验与应用项目。王亚平成为中国首位进行出舱活动的女航天员，航天员首次在轨通过遥操作完成货运飞船与空间站对接，飞行乘组创下了中国航天员连续在轨飞行时长新纪录，为后续建造空间站奠定了坚实基础。

神舟十三号航天员叶光富、王亚平在
"天宫课堂"授课（来源：央视网）

在神舟十三号乘组180多天的在轨驻留任务期内，3名航天员在太空中开展了大量科学实验，共同执行了2次出舱任务，开展了2次"天宫课堂"，还在太空度过了属于自己的太空星期日、元旦、春节。

王亚平称："我们尽享太空失重的神奇和美妙，比如跳跳绳、打太极拳等，收获了很多快乐的太空休闲时光。空间站里，我们有独立的卧室、先进的工作室，无论是工作条件和生活条件都有了提升。我们还把扎染、古筝等中国传统文化带到天上，住进了名副其实的中国天宫，也在时刻体会着作为中国航天员的幸福和自豪。"

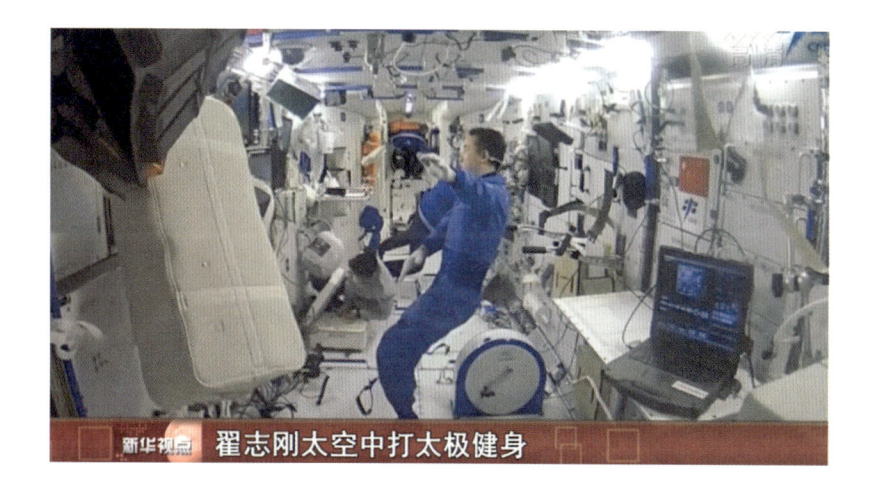

航天员翟志刚在太空中打巡天太极拳健身（来源：央视网 2021年 11 月 16 日《新华视点》）

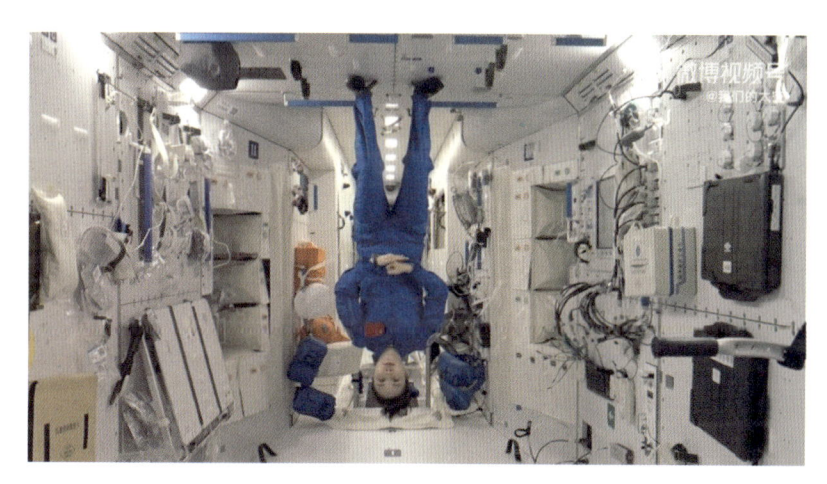

航天员王亚平在太空倒立打巡天太极拳（来源：我们的太空新媒体中心官方微博）

神舟十五号任务期间巡天太极实践

2022 年 11 月 30 日 7 时 33 分，翘盼已久的神舟十四号航天员乘组顺利打开"家门"，热情欢迎远道而来的神舟十五号航天员乘组入驻"天宫"。神舟十五号航天员费俊龙、邓清明、张陆顺利进驻中国空间站，与神舟十四号航天员陈冬、刘洋、蔡旭哲首次实现"太空会师"。留下了一张足以载入史册的太空合影。

航天员王亚平在太空打巡天太极拳
（来源：中国航天员科研训练中心）

航天员王亚平在太空倒立打巡天太极拳
（太空特有模式）（来源：中国航天员科研训练中心）

两个乘组随后开展了在轨驻留交接工作，就空间站各种物资工具位置、各种状态设置以及设施和设备的使用注意事项等开展了交接。两个乘组还共同完成了物资整理、环控系统维护以及无容器实验柜样品更换等工作。12月2日晚，神舟十五号航天员乘组接过了中国空间站"钥匙"，标志着中国空间站正式开启长期有人驻留模式。

除了大家非常熟悉的太空跑台和太空自行车之外，随梦天实验舱上行的全新抗阻锻炼设备也让神舟十五号乘组航天员在轨锻炼方式有了更多选择。神舟十五号航天员乘组入驻空间站后熟悉和使用了各个锻炼设备，并按照地面人员提供的运动处方开展了在轨锻炼。

中国6名航天员"太空会师"

（来源：央视网）

他们还完成了多项超声检查、眼压眼底检查、运动肺功能检查、血液检查等体检项目，这些检查结果帮助地面人员更好地掌握航天员身体状态，为航天员长期在轨驻留保驾护航。

神舟十五号航天员邓清明在太空打巡天太极（来源：我们的太空新媒体中心官方微博）

巡天太极拳，打出宇宙新高度

巡天太极凝聚了中国传统文化的精髓。航天员在空间站上进行练习，一方面弘扬了中国的传统文化，把太极拳打出了宇宙新"高度"；另一方面，为人类迈向更深更远的太空提供科学保障；同时，也增强了人们强身健体的意识，引领健身的新高潮。

巡天太极拳是在习近平总书记提出的"健康中国"战略的大形势下创编和发展完善起来的，力求在传承的基础上有所创新，男女老少均可练习，长期坚持，可以起到强身健体、修身养性，展现风采的作用。巡天太极拳应用还可以推广到以下5个方面：①南极科考站工作人员；②潜航员；③航母上的工作人员；④办公室工作人员；

航天员刘洋在太空送祝福（来源：我们的太空新媒体中心官方微博）

⑤学校的学生等其他人群。相信未来巡天太极拳会逐渐应用于越来越多的领域，希望有越来越多的民众从中受益。

2016年4月24日，习近平总书记在首个"中国航天日"到来之际做出重要指示：探索浩瀚宇宙，发展航天事业，建设航天强国，是我们不懈追求的航天梦。

2016年5月,习近平总书记在"科技三会"上的重要讲话中特别强调,"浩荡的空天还有许多的未知奥秘有待探索,必须推动空间科学、空间技术、空间应用全面发展"。

我们将牢记习总书记的嘱托,不忘初心、继续前行,奉献于中国载人航天事业,弘扬中国传统文化,推动健康中国的步伐,为实现我们共同的航天梦、中国梦而努力奋斗!

2023年5月30日神舟十六号发射升空
(来源:中国航天科工官方微博)

参考文献

[1] 中国载人航天工程办公室. 2012 世界载人航天发展报告 [M]. 北京：国防工业出版社, 2012:136-138.

[2] White, R., Averner, M. Humans in space [J]. Nature, 2001, 409(6823):1115-1118.

[3] 沈羡云, 薛月英, 姜世忠. 航天重力生理学与医学 [M]. 北京：国防工业出版社, 2001.

[4] 威尔莫尔, 科斯蒂尔, 凯尼. 运动生理学 [M]. 4 版. 王瑞元, 汪军, 译. 北京：北京体育大学出版社, 2011.

[5] 李志利, 姜世忠. 长期失重生理效应体育锻炼防护措施研究进展 [J]. 载人航天, 2011(1): 23-27.

[6] 陆霞, 尹桂月, 马力, 等. 有氧训练强度与 G 耐力的研究 [J]. 中华航空航天医学杂志, 2002, 9(3):144-147.

[7] Crisman R P, Burton R R. Physical Fitness to Enhance Aircrew G Tolerance[J]. physical fitness to enhance aircrew G-tolerance, 1988: AD–A,204-208

[8] 张立藩. 飞行员的有氧锻炼问题 [J]. 中华航空医学杂志, 1996, 7(1):62-64.

[9] Wiegman J, Hart S, Fischer J. Physical conditioning for G-tolerance in tactical air command pilots (abstract)[J]. Aviation Space and Environmental Medicine, 1991(62):476.

[10] H Kaikkonen, M Yrjämä, E Siljander, et al. The effect of heart rate controlled low resistance circuit weight training and endurance training on maximal aerobic power in sedentary adults[J]. Scandinavian Journal of Medicine & Science in sports, 2000, 10(4):211-215.

[11] Takeshi Otsuki, Seiji Maeda, Motoyuki Iemitsu, et al. Systemic arterial compliance, systemic vascular resistance, and effective arterial elastance during exercise

in endurance-trained men[J].American Journal of Physiology, 2008, 295(1 Pt.2):R228-235.

[12] Motohiko Miyachi, Hiroshi Kawano, Jun Sugawara,et al. Unfavorable effects of resistance training on central arterial compliance: a randomized intervention study[J].Circulation, 2004,110(18):2858-2863.

[13] Blomqvist G C,Saltin B. Cardiovascular Adaptations to Physical Training[J]. Annual Review of Physiology,1983,(45):169-189.

[14] M LSmith, H MGraitzer,D LHudson,et al.Effect of changes in cardiac autonomic balance on blood pressure regulation in man[J]. Journal of the autonomic nervous system, 1988, 22(2):107-114.

[15] 张立藩, 郑军, 王兴邦, 等. 六个月有氧锻炼对立位耐力及循环反应的影响 [J]. 中华航空航天医学杂志, 1997, 8(4):203-207.

[16] Mccarthy J P, Bamman M M, Yelle J M,et al.Resistance exercise training and the orthostatic response[J].European Journal of Applied Physiology&Occupational Physiology, 1997(76):32-40.

[17] Hiroshi,Kawano,Hirofumi,et al.Resistance training and arterial compliance: keeping the benefits while minimizing the stiffening.[J].Journal of hypertension, 2006(24):1753–1759.

[18] Green D J, Walsh J H, Maiorana A,et al. Comparison of resistance and conduit vessel nitric oxide-mediated vascular function in vivo: effects of exercise training[J].Journal of applied physiology, 2004(97):749–755.

[19] Okamoto T, Masuhara M, Ikuta K.Combined aerobic and resistance training and vascular function: effect of aerobic exercise before and after resistance training[J].Journal of applied physiology,2007,103(5):1655-1661.

[20] Kawano H, Tanaka H, Miyachi M.Resistance training and arterial compliance: keeping the benefits while minimizing the stiffening.[J].Journal of hypertension, 2006, 24(9):1753-1759.

[21] Lightfoot J T.Resistan cetraining in creases lower body negative pressure tolerance[J].Med Sci Sports Exerc, 1994, 26(8):1003-1011.

[22] Howden R, Lightfoot J T, Brown S J,et al.The effects of isometric exercise training on resting blood pressure and orthostatic tolerance in humans[J].Experimental Physiology, 2002,87(4):507–515.

[23] Guinet P,Schneider S M,Macias B R.WISE-2005:effect of aerobic and resistive exercises on orthostatic tolerance during 60 days bed rest in women[J].European Journal of Applied physiology, 2009, 106(2):217-227.

[24] Cook J N,DeVan AE,Schleifer J L,et al.Arterial compliance of rowers: implications for combined aerobic and strength training on arterial elasticity[J].American Journal of Physiology, 2006, 290(4):1596-1600.

[25] Lan C, Lai JS, Chen SY, et al. 12-month Tai Chi training in the elderly: its effect on health fitness[J]. Med Sci Sports Exerc,1998, 30(3):345-51.

[26] 荣湘江，梁丹丹，钱京京．太极拳对中老年人握力及反应时的影响[J]．中国康复医学杂志，2010, 25(4):343-345.

[27] Helen M,Taggart. Effects of Tai Chi exercise on balance, functional mobility, and fear of falling among older women[J]. Applied nursing research : ANR, 2002, 15(4):235-242.

[28] Margaret KMak,Pui LingNg.Mediolateral sway in single-leg stance is the best discriminator of balance performance for Tai-Chi practitioners[J].Archives of physical medicine and rehabilitation, 2003, 84(5):683-686.

[29] 陈文鹤．太极拳运动对高血压患者血液流变性的影响[J]．中国运动医学杂志，2005, 24(5):606-607.

[30] 林茵，封寒．通过太极拳运动改善老年人平衡功能[J]．实用老年医学，2006, 20(4):245-246.

[31] 陈劼，杨洪艳．太极拳作为治疗手段的北美研究[J]．国外医学·物理医学与康复学分册，2000, 20(3):125-127.

[32] Ge Wu,Fang Zhao,Xinglong Zhou,et al.Improvement of isokinetic knee extensor strength and reduction of postural sway in the elderly from long-term Tai Chi exercise[J].Archives of physical medicine and rehabilitation, 2002, 83(10):1364-1369.

[33] 孙绪生．对简化太极拳运动步态站立中期的分析[J]．中国康复理论与实践，2005, 11(1):69.

[34] 龚敏，张素珍，王斌，等．长期太极拳练习对老年人骨密度的影响[J]．中国临床康复，2003, 7(15):2238-2239.

[35] Ling Qin, Szeki Au, Wingyee Choy, et al.Regular Tai Chi Chuan exercise may retard bone loss in postmenopausal women: A case-control study[J].Archives of Physical Medicine and

Rehabilitation, 2002, 83(10):1355-1359.

[36] Qin L, Au S Z, Choy W,et al.Tai Chi Chuan and bone loss in postmenopausal women-Reply[J].Archives of Physical Medicine and Rehabilitation, 2003, 84(4): 621-623.

[37] Chan S P, Luk T C, Hong Y.Kinematic and electromyographic analysis of the push movement in tai chi[J].British journal of sports medicine, 2003, 37(4):339-344.

[38] 姚远，杨树东．太极拳锻炼对老年人下肢肌力影响的研究[J]．中国运动医学杂志, 2003, 22(1):75-77.

[39] 王文，刘庆山．太极拳对老年人下肢运动机能影响的研究[J]．广州体育学院学报, 2003, 23(5):36-38.

[40] 孙绪生．简化太极拳运动中踝关节反力和跟腱力的变化[J]．中国康复理论与实践, 2004, 10(2):100-101.

[41] 杨春荣．太极拳运动中的足底压力分布研究[J]．北京体育大学学报, 2007, 30(5):645-647.

[42] 刘笃涛，马效萍．太极拳抗衰老功效的追踪调查[J]．中国临床康复, 2003, 7(12):1860.

[43] 倪红莺，雷芗生，叶槐菁，等．一次急性42式太极拳练习对中老年知识分子心血管机能和血液状态的影响[J]．中国运动医学杂志, 2001, 20(1):102-104.

[44] 倪红莺，雷芗生．中老年知识分子42式太极拳锻炼的血液动力流变学效应[J]．中国运动医学杂志, 2000, 19(2):194-196.

[45] Wang J S, Lan C, Wong M K .Tai Chi Chuan training to enhance microcirculatory function in healthy elderly men[J].Archives of Physical Medicine and Rehabilitation, 2001, 82(9):1176-1180.

[46] 赵晓勤，李信就．太极拳运动对大学生身心保健作用的探讨[J]．北京体育大学学报, 1999(3):99-101.

[47] 郑景启．太极拳对老年冠状动脉性心脏病患者康复效果观察[J]．中国康复理论与实践, 2004,10(7):429-429.

[48] Tsai J C, Wang W H, Chan P,et al.The beneficial effects of Tai Chi Chuan on blood pressure and lipid profile and anxiety status in a randomized controlled trial[J].J Altern Complement Med, 2003, 9(5):747-754.

[49] Young D R, Appel L J,MPH,et al.The Effects of Aerobic Exercise and T'ai Chi on Blood Pressure in Older People:Results of a Randomized Trial[J].Journal of the American Geriatrics Society, 1999, 47(3):277-284.

[50] 李传武，曾瑶，彭峰林．老年人血管内皮舒张功能变化与习练太极拳的影响[J]．中国组织工程研究与临床康复, 2007, 11(27):5414-5416.

[51] 沙鹏．太极拳锻炼对老年动脉粥样硬化患者一氧化氮及血脂水平的干预[J]．

中国组织工程研究与临床康复，2007, 11(34):6832-6834.

[52] 赵雪梅, 吴国生, 李桂林. 简易太极拳运动对中年女性身体机能的影响[J]. 中国康复理论与实践, 2006, 12(2):167-168.

[53] Lan C, Lai J S, Wong M K,et al.Cardiorespiratory function, flexibility, and body composition among geriatric Tai Chi Chuan practitioners[J].Arch Phys Med Rehabil, 1996, 77(6):612-616.

[54] 徐明, 温左惠. 老年太极拳运动前后心肺功能的变化[J]. 成都体育学院学报, 1997, 23(3):79-82.

[55] 倪红莺, 雷芗生, 陈秋月, 等. 42式太极拳定量负荷对中老年知识分子心肺机能的影响[J]. 中国体育科技, 2001, 37(7):18-20,25.

[56] 刘洪广. 打太极拳时遥测RESP、EMG和ECG分析[J]. 中国运动医学杂志, 1994 (3):170-171.

[57] 孙绪生,EskoLansimies. 简化太极拳对心率变异指标的影响[J]. 中国康复医学杂志, 1998, 13(5):225-226.

[58] 谢业雷, 任杰, 虞定海, 等. 24周太极拳锻炼对中老年人心率变异性的影响[J]. 中国运动医学杂志, 2011, 30(9):842-844..

[59] 孙绪生. 简化太极拳运动中的位移和重心变化[J]. 中国康复理论与实践, 2006, 12(4):363-363.

[60] 傅骢远, 黄作福, 王遇仕. 太极拳对植物神经平衡状态的影响[J]. 中国康复医学杂志, 1996 (2):88-89.

[61] 孙绪生. 老年人练太极拳的心率变异性分析[J]. 体育学刊, 2000(2):37-38, 36.

[62] 谢燕, 张丽娟, 童学红, 等. 太极拳运动对心率变异性指标的影响及意义[J]. 中国现代实用医学杂志, 2006, 5(10):18-19.

[63] Lu WA,Kuo CD.The effect of Tai Chi Chuan on the autonomic nervous modulation in older persons[J].Medicine and science in sports and exercise, 2003, 35(12):1972-1976.

[64] 武冬. 太极拳意的脑电图功率谱分析[J]. 北京体育大学学报, 2004, 27(8):1063-1064,1083.

[65] 杨苗苗, 王晓娜, 周越. 太极拳练习前后脑电信号变化特点的研究[J]. 北京体育大学学报, 2015, 38(3):67-71.

[66] 周雷, 王健, 吴飞. 高、中、低架势太极拳运动的气体代谢反应[J]. 中国运动医学杂志, 2007, 26(2):211-213.

[67] Chen S Y, Lai J S, Chao Y F C,et al.The Cardiorespiratory Response and Energy Expenditure of Tai-Chi-Qui-Gong[J].The American Journal of Chinese Medicine, 2002, 30(4):451-461.

[68] Lan C, Chen S Y, Lai J S.The Exercise Intensity of Tai Chi Chuan[J].Medicine and sport science, 2008, 52:12-19.

[69] 周之华, 纪仲秋, 周绍军. 24 式太极拳运动强度与规律研究 [J]. 中国体育科技, 2000, 36(7):42-43.

[70] 王雁, 任爱华, 朱利月. 老年人 24 式简化太极拳能量消耗测定 [J]. 中国康复医学杂志, 2010, 25(8):744-746.

[71] 杨松涛, 龙云芳, 黄宇霞. 太极拳运动对中老年人心理和自主神经功能的影响 [J]. 中华物理医学与康复杂志, 2004, 26(6):348-350.

[72] 莫概能. 太极拳运动对女大学生情绪稳定性影响研究 [J]. 体育世界 (学术版), 2015(9):55-56.

[73] 高明, 韩尚洁, 段卉. 太极拳练习对改善大学生焦虑情绪的作用 [J]. 体育研究与教育, 2013, 28(3):126-128.

[74] 仝飞舟, 吴斌, 黄伟芬, 等. 太极拳对密闭狭小环境 72h 睡眠剥夺受试者脑电活动的影响 [J]. 世界睡眠医学杂志, 2021, 8(6):1107-1109.

[75] Franzen P L., Siegle G J., Buysse D J. .Relationships between affect, vigilance, and sleepiness following sleep deprivation[J]. Journal of Sleep Research, 2008, 17(1):34-41.

[76] 王国谱, 松本清, 佐久间春夫. 太极拳促进中枢神经与外周本体感觉的心理生理学效果 [J]. 武汉体育学院学报, 2007, 41(2):40-43.

[77] Yao L , Giordani B , Alexander N B .Developing a positive emotion-motivated Tai Chi (PEM-TC) exercise program for older adults with dementia[J].Research & Theory for Nursing Practice, 2008, 22(4):241-55.

[78] 叶丹. 香港地区失眠症中医证候学及太极拳干预的研究 [D]. 北京 : 中国中医科学院, 2012.

[79] 李宁, 董业平, 曾祥焱. 一种活动式稳定情绪的好方法——24 式太极拳练习——来自 EEG 研究方面的证据 [C]// 中国体育科学学会运动心理学专业委员会, 中国心理学会体育运动心理学专业委员会. 第 8 届全国运动心理学学术会议论文汇编, 2006:1010-1014.

[80] 张汝果, 魏金河. 航天医学基础 [M]. 北京 : 科学技术文献出版社, 1997.

[81] 吉勒斯·克莱芒. 航天医学基础 [M]. 陈善广等, 译. 北京 : 中国宇航出版社, 2008:270-273.